任继愈谈魏晋南北朝的佛教经学

任继愈 ◎ 著

石油工业出版社

图书在版编目（CIP）数据

任继愈谈魏晋南北朝的佛教经学 / 任继愈著 . —北京：石油工业出版社，2018.3
ISBN 978-7-5183-2380-7

Ⅰ . ①任… Ⅱ . ①任… Ⅲ . ①佛教哲学－研究－中国－魏晋南北朝时代 Ⅳ . ① B948

中国版本图书馆 CIP 数据核字（2017）第 312060 号

任继愈谈魏晋南北朝的佛教经学
任继愈　著

出版发行：石油工业出版社
　　　　　（北京安定门外安华里 2 区 1 号楼　100011）
网　　址：www.petropub.com
编辑部：（010）64523783
图书营销中心：（010）64523633
经　　销：全国新华书店
印　　刷：北京晨旭印刷厂

2018 年 3 月第 1 版　2018 年 3 月第 1 次印刷
880×1230 毫米　开本：1/32　印张：8.75
字数：190 千字

定价：39.80 元
（如发现印装质量问题，我社图书营销中心负责调换）
版权所有，翻印必究

目录

概述 /001

佛教的输入与早期传播 /015

魏晋玄学与佛教般若学 /027

鸠摩罗什与中观学派 /051

慧远的佛教思想体系 /085

从僧肇到竺道生 /117

魏晋南北朝流行的佛教主要经典 /159

魏晋南北朝流行的佛教主要经论 /223

佛教经学的中心议题——心性论 /267

概述
*

---

*本书是《中国哲学发展史（魏晋南北朝卷）》关于佛教经学的部分。国家图书馆出版社2013年以《魏晋南北朝佛教经学》为名出版有单行本。

佛教初传入中原地区，宫廷帝王、上层贵族把佛（浮屠）当作神仙，与黄帝、老子并列，没有把佛当作外国的教主，而是当作中国的神仙。后来佛经翻译渐多，信仰者对佛教的了解也逐渐深入，知道佛不同于中国圣人。经历了几百年在中国的传播、发展，佛教把它的宗教教义修饰得更加符合中国封建社会的需要，已成为中国文化的一部分。佛教教义的解释权已从外国僧人之手逐渐转移到中国僧人手中。中国僧人的著作越来越多，中国僧人学习佛教理论，不专靠诵习翻译经典，也借助于中国僧人的注疏，因为中国人教中国人，更有针对性，使听受者容易理解。

中国人学习经典，自汉代开始，形成了经学家法的传授方式。同一部经典，由于注释者观点、理解不同，可以有不同的解释，由此产生不同的学派。如《春秋》有左氏、公羊、穀梁，《诗》分毛、鲁、韩，《论语》有齐、鲁，等等。细案佛教知识僧侣，多从儒家转来（《高僧传》此例极多，不可胜举），他们用儒家治儒经的方法转而治佛教经典，本是轻车熟路。南北朝开始，形成佛教经学，绝非偶然。佛教理论更加符合中国封建社会需要，已取得中国封建社会上层建筑的资格。

魏晋时期，佛教力图与玄学相适应，佛教理论家力图与玄学家讲的老庄之教相结合，出现了佛教般若学所谓"六家七宗"。般若学实际上是玄学佛教版的本体论。般若学的本体论，不同于玄学讲的名教与自然那样接近现实政治，与门阀士族的政治生活隔了一层。佛教为自身的发展，还须进一步适应门阀士族的需要。随着玄学势力的下降，佛教又与儒家相结合，离开以老庄为标志的玄学，转而投向儒学，与儒教相结合。这一转变，以庐山慧远为契机。从此以后，佛教经学与儒家经学互相配合，取长补短，结成同盟军。

从南北朝开始，信仰佛教已不仅是个人的私事，佛教已成为封建政府教育人民、洽和王化的得力工具。当时虽有一部分反对佛教的政府官吏和知识分子，也有一部分无神论者在理论上做出了卓越的贡献，但他们人数不多，势力不大，佛教的社会影响并没有因为受到理论上的批判而减弱。只要佛教赖以滋生的土壤还在，光靠理论上的批判，是打不倒它的。在北方非汉族统治的地区，更没有把佛当作外国人看待，他们普遍认为释迦、周孔都是圣人，都是维系世道不可缺少的思想最高权威。理论上如发生争议，只要在儒佛两家经典中找到根据，就算有了正确的答案。佛家经典与儒家经典有着同样崇高的地位。[1]

中国僧人对佛教的经论，都做过系统的研究，并做出各自的解释。解释的形式多种多样，经师讲经，弟子记录，号为"义疏"（如《摄论俱舍疏》），或号为"注记"（如《唯识论注记》），或称为"本记"（如《东域传灯录》、真谛《王仁疏》注云"诸疏云本记"、《金刚经本记》），或称"文义"（如《金刚经后记》称此经为"文义"）。集各家注释的，号称"集解"（如《涅槃经集解》），着重经文字义解释的称为"注"，有串讲的称为"疏"。隋唐以后，佛教经学更趋烦琐。

正是由于佛教在南北朝时对国家有极大帮助，它享有极高的政治待遇。佛教徒遍及天下，上自朝廷，下及闾里，因果报应、轮回之说，深入人心，弥漫天下。北方少数民族统治地区，佛教徒达二百万以上，南朝"户口几亡其半"。译经费用由国库支付，僧众管理由国家任命僧官，寺院经济由国家给予免除租税劳役，佛教经像除私家传播外，由国家资助传抄。寺院的宏大建筑，有的由私人捐赠，有的由国家公帑建筑。由于佛教成为政府不可缺少的精神支柱，佛教经学才有可能成为官方公开提倡支持的文化事业。中间曾短期遭到打击，但为时不久，即得恢复。恢复之后，气焰转盛。

---

[1] 从《弘明集》的辩论中可以看出，无神论者反对佛教有神论，遇到儒家的有神论，就不敢坚持己见。佛教的辩论，引出经中文句来，就有了保证。这里不一一列举。

中国僧人经历了自己长期的创作和研究，形成了佛教经学，与儒家经学争衡。它表现在四个方面。

一　注疏

南北朝译经，由主译者随译随讲，经典译出后，随着流布地区不断扩大。讲解者根据各自的理论修养及理解水平进行注解。南北朝时期，南方社会风气尚文采，重思辨，注疏较多；北方社会风气尚质朴，重宗教实践，石窟造像较多，而注疏较少。

佛教经学的传授方法与两汉儒家经学传授方法大体相同。中国知识僧人出家前夕受儒教熏陶，出家后为了传教，为了扩大佛教影响，为了与佛教以外的外道争辩，不能不读佛教以外的典籍。故有僧传载著名学僧"学通内外"。中国特殊历史环境培养出来的佛教知识分子，都受过儒家经学的训练。汉儒章句训诂之学，魏晋玄学，得意忘言之教，都给南北朝的佛教经学提供了现成的模式。东晋道安已开始对佛教经典进行注解，他在《安般守意经序》中说："魏初康会为之注义，义或隐而未显者，安窃不自量，敢因前人，为解其下。"《道地经序》说："寻章察句，造以训传。"道安的《人本欲生经序》说："……为人撮注，其义同而文别者，无所加训焉。"早期佛经注大致如道安所说的逐文释义，不做发挥，对佛经初学者有辅导作用。南北朝时期，长江南北有许多《成实论》师，他们一生讲《成实论》若干遍，受到朝廷和社会上重视。《成实论》为小乘学的一派，佛教的基本概念，这部书里讲得比较清楚，是当时流行的一种"佛教哲学手册"。学了《成实论》，对佛教的基本概念有了一些了解，再读其他经典就容易了。许多《成实论》师，自己没有什么体系，他们所从事的是佛教的章句之学。

有了章句之学为基础，中国僧人对佛教的理解逐步加深，他们不满足于文句解释，而要求钻研其基本思想。魏晋玄学探究本末、体用的治学方法，也给佛教经学以启发。用玄学方法解释佛理，南北朝时曾被广泛采用。当时用"经序"来概括一部佛经的宗旨，用"品目"来概括经中某一章节的宗旨，可收到提纲挈领的效果。僧叡《中论序》称："予玩之味之，不能释手，遂复忘其鄙拙，托悟怀于一序，并目品义，题之于首。"又如道生在《法华经疏》中针对《药草喻品》说："圣教沾神则烦恼病愈，故寄药草以目品焉。"佛经早期的章句解释，为了启迪初学，文字不能太简，有时注文与原著篇幅相当。[1] 后来佛教受魏晋玄学的注疏方法影响，尚清通简要，[2] 有的讲大义，有的指事数，注文篇幅往往不太长。南北朝后期，佛经著述逐渐增多，学派林立，讲经的章句、口义（讲义）渐多，越来越详备，注疏又由简到繁。到隋唐时，佛经注疏、佛

---

[1] 如《人本欲生经》一卷，注本篇幅亦一卷。
[2] 《法华经》（鸠摩罗什译）有七卷，竺道生《疏》只有两卷。

经讲说，有似汉儒解经的末流，广博烦琐兼而有之。

二　论著

注疏不能离开原著经典，论著则可以离开原著，尽量发挥个人的见解。曾涌现了多种经序。经序原是概括介绍某部经的基本要点，但由于个人理解的不同，有的序并不一定能代表原著的宗旨。如鸠摩罗什译出《大智度论》后，请慧远作序。慧远的序反映慧远个人对《大智度论》的看法，有些话说对了，也有些见解并不符合中观学派的宗旨。[1] 又如鸠摩罗什的《实相论》、僧肇的《肇论》都有独创性的见解，论著之中除了论以外，还有经序，[2] 虽不能据以理解佛经原旨，但足以说明作者的学术观点。此外还有专题论文，如支道林的《即色游玄论》、僧肇的《肇论》、慧远的《心无义》《法性论》、世亲的《佛性论》、谢灵运的《辨宗论》等。[3] 有"义章"是专门为经中事数的，分门别释，与注疏体例不尽相同。有辩论集，如《神灭论》的辩论，《夷夏论》等。

---

[1] 见《中国佛教史》第2卷，中国社会科学出版社，1985年版，《慧远的佛教思想体系》部分，第676页。

[2]《出三藏记集》保存经序很多。

[3] 论著，保存在《弘明集》及《广弘明集》及《高僧传》中，不具引。

三　译著纂集

有全集的节略本，[1]有汇编本，如《众经要钞》《义林》《经律异相》《出要律仪》《法宝联璧》《内典博要》《增一法数》这类著作，有的把众经汇为一编，有的把一经简化，也有的属于辞典性质，是佛教学习的工具书。还有把几种佛经译本合编为一本，如《合首楞严经》《合维摩诘经》《合放光般若》等。这都是为了便于研读而做的，对佛教经学的整理工作。

四　佛教史传的编辑

佛教史传的编辑如释迦传记、印度圣贤传记，最多的是中国传人传记，如《释迦谱》《马鸣传》《龙树传》《提婆传》《佛图澄传》《支遁传》《道安传》《高僧传》《名僧传》《比丘尼传》《庐山僧传》等数十种。其中慧皎的《高僧传》起自佛教初传，讫梁天监十八年，开僧传的规模，分僧人为十科，后

---

[1]《大智度论》一百卷，慧远节抄为二十卷。

来的僧传都沿用这一体制。属于通史性质的，如《魏书·释老志》《三宝记传》《三宝集》，三书均为纪传体。寺志、山志著作有《庐山记略》《天台山铭序》《京师寺塔记》，最著名者有《洛阳伽蓝记》，保存史料极有价值。关于外国历史知识有《佛国记》，北魏慧生《行传》，如《扶南记》《历国传》《外国传》《游行外国传》《历国传记》等。

此外，佛教经学从道安开始，仿儒家经典整理方式，创建了佛教目录学。据唐智昇《开元释教录》所见到的有二十八家，今存在僧祐的《出三藏记集》。

北朝自孝文帝迁都于洛阳，弘扬佛教，造像建寺的同时，也注意佛教理义的宣扬。当时南方佛教重心有三处，一在南京，一在庐山，后来海上交通发达，广州也成为中心之一。与南方相对峙，北方也有三个中心，一在彭城（徐州），一在洛阳，一在邺都。北朝后期，北周以长安为政治中心，佛教得到相应的发展，其活动规模、僧众数目，北方均超过南方。[1]

北方以徐州为中心的佛教学者，有僧渊、僧嵩、道登、慧纪、昙度，都宣传《成实论》《涅槃》之学。僧人智游兼

---

[1] 据《续高僧传·靖嵩传》载，北魏建都洛阳后，译经、建寺、岩窟造像，规模均为前代所未见。都下大寺略计四千，所住僧尼将八万，讲席相距二百有余。听者常过一万。又据《续高僧传·法上传》载，天下僧尼二百余万，寺四万余所。

擅《毗昙》《成实》。魏末齐初，渤海明彦擅《成实》，彭城慧嵩擅《毗昙》，如法上、慧远（净影寺）擅《涅槃》。当时山东、河南、河北、徐州广大地区，讲论学习的佛教经典，偏重在《成实》《涅槃》《毗昙》。东魏到北齐邺都，道宠、慧光宣扬《地论》，有相州南北二道两大学派。禅学也在嵩山、洛阳不断发展，唐朝相传禅宗初祖以下数代，均在北方。

佛教势力发展，佛教理论有广泛的社会影响，上面有朝廷的倡导，更起了推波助澜的作用。魏孝文帝时，钦慕江南文化学术，朝臣中通晓佛教经学的，如崔光、王肃原为江南人。南方文人到北方多受到重视。东魏北齐时，朝廷上下颇好玄谈，亦杂以佛教理论。孝静帝曾召名僧于显法殿，讲说佛理。文学重臣如杜弼、杨愔、邢劭、魏收，也参加辩论。杜弼也主讲佛经，与专业佛教徒僧达、道顺等往复问难，往复数十番，莫有能屈。杜弼好玄理，尝与孝静帝讲说佛性、法性。对形神生灭问题，北方也有兴趣，《老》《庄》《周易》三玄之学，在北方又引起学术界的关注。孝静答杜弼诏："卿栖息儒门，驰骋玄肆，既启专家之学，更畅释老之言。"三教之间交涉渐多，趋向融会，这种新趋势，江南与北方基本相似。北方由文化落后的奴隶制向封建制转化，不得不刻意模仿，向南方学习。《续高僧传·菩提流支传》讲北方学风时，说"山东江表，乃称学海"，北方的佛教经学与江南并称。

南方的佛教经学与玄学关系较多，也可以说是从玄学中蜕变出来的。北方也吸收了魏晋玄学的学风，同时由于北方的儒家经学比南方更受重视，士大夫与汉族以外的少数民族帝王贵族共同统治着人民，因而生活在北方的门阀士族与江南的门阀士族有所不同，他们更注重汉代传统经学，北方经学较江南为盛。北朝的政局有一段较长的稳定时期，燕、齐、赵、魏之间，儒家经典著述颇多，超过江南。[1] 儒学极盛的地区也就是佛教理论极盛的地区。儒家经学与佛教经学同时繁荣，儒生与僧人相互影响，形成了佛教经学的特色。儒家学者高允信佛法；刘献之注《涅槃经》(《魏书·刘献之传》)；孙惠蔚侍讲儒学，也讲佛法，加法师称号；卢景裕在邺，寓僧寺，听讲佛法；李同轨兼读释氏，在洛阳平等寺与僧徒辩论。[2] 崔暹好佛经，儒者权会馆于崔家，名僧昙迁乃权会之甥，并从之学《易》《礼》《诗》《书》《老》《庄》。释道宠为相州地论学派的重要人物。僧范从大儒熊安生问学。此外，如兖州僧人昙衍、定州僧人灵裕，都是从儒家转信佛教的。地论师慧光门下十哲，除僧人外，中有儒生冯衮。慧光通佛教律学，僧范、冯衮均由儒入佛。当时儒家三礼、佛之戒律均盛行于世，江南与北方都很重视。佛教律学兴起，出于客观需要。佛教发展迅速，人数众多，但没有一个章程，难以管理。《魏书·释老志》引

---

[1] 参看《北史·儒林传序》。
[2] 参看《北史·儒林传序》。

任城王澄奏：

> 今之僧寺，无处不有，或比满城邑之中，或连溢屠沽之肆，或三五少僧，共为一寺。梵唱屠音，连檐接响。象塔缠于腥臊，性灵没于嗜欲，真伪混居，往来纷杂。下司因习而莫非，僧曹对制而不问。

北朝出家人数达数百万之众，主要原因是群众为了避徭役，且僧法处分极轻，犯戒最重的逐出寺院为止。儒家重礼教，是门阀士族为了保护自己的世袭特权和高贵的社会地位的一种自我保护的措施。

佛教的输入与早期传播

任继愈谈魏晋南北朝的佛教经学

佛教的输入

佛教创立于公元前6世纪至公元前5世纪的古印度，创始人为悉达多（Siddhārtha），族姓乔达摩（Gautama），中国旧译为瞿昙。他生于迦毗罗卫（Kapilavastu）——该地现在尼泊尔境内，相传为净饭王太子。他一生传教于印度北部、中部恒河流域一带。释迦牟尼（Śākya-Muni）是佛教徒对他的尊号。关于他的生卒年，根据文献史料推算，约生于公元前565年，死于公元前490年至公元前480年之间，略早于中国的孔子。[1]

佛教开始在古印度传播时期，信徒甚少，地区也不出印度北部和中部。到公元前3世纪，孔雀王朝阿育王统治以后，佛教凭借国王的势力，向印度以及周围国家传播。向南传到斯里兰卡和东南亚国家；向北传入大夏、安息及大月氏，并越过葱岭传入中国西北地区，经丝绸商路传入中国内地。

佛教传入中国西北地区，经天山南路龟兹、于阗等国，进玉门关、阳关到河西走廊。由于佛教最早传入的主要途径是

---

[1] 孔子生卒年为公元前551年至公元前479年。参看汤用彤《印度哲学史略》。

新疆、中亚一带，这一带信奉者多属小乘佛教。大乘佛教在印度创立时间迟于小乘佛教。但佛教小乘、大乘差不多同时传入中国，当时中国人士还不大了解小乘、大乘的区别，就一齐接受下来。而在西域一带，佛教大乘、小乘区别比较明显。

印度的习惯，师徒传授多靠口头传诵，没有文字记载。最早传入的佛经称为"浮屠经"，也称"复豆经"。[1] 东汉初年，上层统治者已有信奉佛教者，《后汉书·楚王英传》记载，楚王刘英"晚年更喜黄老学，为浮屠，斋戒祭祀"。汉明帝永平八年（65）诏令天下有死罪者可用缣（细绢）赎罪。刘英派郎中令奉黄缣白纨三十匹送到中央赎罪。皇帝下诏安抚刘英，说：

> 楚王诵黄老之微言，尚浮屠之仁祠，洁斋三月，与神为誓。何嫌何疑，当有悔吝？其还赎，以助伊蒲塞（即优婆塞，男居士）、桑门（沙门，出家人）之盛馔。

可以看出，当时人把浮屠与黄老并提，也是祠祀的对象，用以祈福。刘英信奉方士，也信奉佛教（供养沙门），在上层贵族中有少数佛教信奉者，在社会上影响不大。

---

[1] 参见《魏略》关于浮屠经的解释。据《世说新语》注引文作"复豆"，与"浮屠""佛陀"同音。

东汉末年，佛教的译经，如佛本生经，佛本行经，大乘、小乘经典渐多，对佛的所谓神通，有不少介绍。比如《牟子》[1]曾说：

> 佛者，谥号也。犹名三皇神、五帝圣也。佛乃道德之元祖，神明之宗绪。佛之言觉也。恍惚变化，分身散体，或存或亡，能小能大，能圆能方，能老能少，能隐能彰，蹈火不烧，履刃不伤，在污不染，在祸无殃，欲行则飞，坐则扬光。故号为佛也。（《牟子》第二章）

《牟子》把佛描述得和中国传统宗教的所谓神仙、真人、神人相似。如《庄子》描写的"真人"能"入水不濡，入火不爇"。秦始皇时，方士卢生说："真人者，入水不濡，入火不爇，凌云气与天地久长。"（《史记·秦始皇本纪》）《淮南子·精神训》所描述的真人是：

> 所谓真人者……大泽焚而不能热，河汉冱而不能寒也，大雷毁山而不能惊也，大风晦日而不能伤也……其动无形，其静无体，存而若亡，生而若死，

---

[1]《牟子》：三国时人的著作。见《中国佛教史》第1卷，中国社会科学出版社，1981年版，第186—224页。

出入无间，役使鬼神。

《牟子理惑论》也还认为佛教与儒家、道家的道理没有什么差别，甚至认为佛教的道理是儒教的阐发，其基本精神是一致的，都宣扬忠孝。佛教出家，背离父母，是更大的孝；佛教离开政治活动，是更大的忠。

《牟子》尽量用中国熟悉的词句来解释什么是佛。佛能飞升变化，其崇高的地位有似中国的圣人（三皇、五帝）。只有"分身散体"，是中国传统神仙方术中所没有的，但所占分量不多。

讲到佛的相貌奇特，不同于凡人，《牟子》尽量用中国古书中相传有关"圣人"的奇特相貌的记载，如尧眉八彩，舜目重瞳，皋陶马喙，文王四乳等骨相的说法，来说明佛是圣人，不同于凡人。

《牟子》尽力避免用佛教语汇来表述佛教的基本教义。《牟子》以前已有一些佛经汉译本，安世高译"无常"为"非常"，"无我"为"非我"，"涅槃"为"无为"等。书中讲"太子曰，万物无常，有存当亡"，只有过一次，更多情况下，用中国哲学家关于"道"的描写：

道之言导也，导人致于无为。牵之无前，引之无后，举之无上，抑之无下，视之无形，听之无声。
（《牟子》第四章）

这里对"道"的形容，与《淮南子》的《原道训》和马王堆出土帛书的《道原》十分相似。道家的"道"，与佛教的"道"根本不相同，这些描述，当然不准确。

《牟子》进而发挥其理解的"道"：

> 立事不失道德，犹调弦不失宫商。天道法四时，人道法五常。老子曰："有物混成，先天地生，可以为天下母，吾不知其名，强字之曰道。"道之为物，居家可以事亲，宰国可以治民，独立可以治身。履而行之，充乎天地，废而不用，消而不离。（第四章）

这样的"道"，可以治国，可以治身，又是天地万物的根本。这样的"道"完全是中国儒家、道家的道，它不是佛教的教义。佛教从来不讲五常（仁、义、礼、智、信），更不讲居家事亲、宰国治民。这正好说明当时中国的佛教信奉者对佛教理解的水平。

稍后，三国时期吴国康僧会译出一部分佛经。当时大乘、小乘均已传入中国内地，而佛教徒还不大了解它们的区别。如康僧会在《安般守意经序》中认为安世高：

> 怀二仪之弘仁，愍黎庶之顽暗……乃陈演正真

之六度,译《安般》之秘奥。

安世高是小乘禅学者,康僧会把他看成宣扬"六度"的大乘信徒。康编译的《六度集经》充分体现了他的仁政救世思想。佛教制定戒律,本是用来约束僧众,只施用于僧团内部,康僧会把它扩大为人类共同的道德信条:"不盗"还要包括"捐己济众""富者济贫";"不杀"还要"恩及群生""爱活众生";"不饮酒"还要与"尽孝"相联系。《六度集经》还认为,"慰孝悌,养孤独""布施一切圣贤,不如孝事其亲",还经常以儒家的"三纲五常"解释佛教,说"君仁臣忠,父义子孝,夫信妇贞,比门皆贤"。康僧会还吸收中国传统灵魂不死的观念以解释佛教轮回说:

深睹人原,始自本无生。元气强者为地,软者为水,暖者为火,动者为风。四者和焉,识神生焉。上明能觉,止欲空心,还神本无。(《察微王经》)

又说:

神依四立,大仁为天,小仁为人,众秽杂行为蜎飞蚑行蠕动之类。由行受身,厥形万端……魂灵与元气相合,终而复始,轮转无际,信有生死殃福所趣。(《察微王经》)

早期传入的佛教，译文方面尽量用中国传统思想去翻译。从佛教观点看来，是驳杂不纯，这种不纯，正是当时中国社会历史的反映。

佛教传来中国，对善恶报应、三世轮回之说很自然地与中国的灵魂不死观念相比附。有人问："为道亦死，不为道亦死，有何异乎？"《牟子》回答说："有道虽死，神归福堂；为恶既死，神当其殃。"

从《牟子》书中可以看出佛教传入初期中国人对佛教的理解。佛教传到一个新环境，不得不与当地的社会相适应。它要依附道家和中国的方士迷信思想，有许多解释与佛教宗旨不合。佛教正是靠了这种更为接近中国习惯的方式，逐渐成为中国的佛教的。

佛教的早期传播

除了文献记载以外,近年考古发现也说明佛教传入中国后,与中国传统思想信仰相结合的事实。

1954年,山东沂南发掘一个东汉墓,墓室中八角柱上线雕的神仙、奇禽异兽中,刻有一个神童,头戴露顶帽,顶上用带结发,绕头有一个圆圈,如佛光之状,着花领衣,衣下缘作花瓣状,腰束花巾,巾下垂流苏,双手捧着一条鲇鱼状的东西端立着。这种画像在柱南面和北面的上端各有一个。怎样解释这种艺术造像呢?《四十二章经序》说,汉明帝"夜梦见神人,身体有金色,项有日光,飞在殿前……",此经在东汉末已流行。印度犍陀罗佛教造像也有头背有佛光的佛陀立像。这个项有光圈的神童像,很可能是受佛教传说和佛教造像影响的产物。从沂南画像石墓的整个画像来看,除去反映生活宴乐祭祀等题材外,都是与中国传统的神仙信仰有关的作品,如西王母、东王公,蛇身的伏羲、女娲,以及朱雀、白虎及各种奇禽异兽,等等。在刻有项有光圈的神童的八角柱上,东面上端的同样位置处,刻有上张华盖,端坐山上的东王公,此外,还刻有一些奇兽和带翼仙人。

这个画像墓所在的地方离东汉末太平道的发源地徐州的

东海郡很近。这一带正是楚王刘英活动的地区。

在四川乐山市麻浩享堂梁上刻有一个端坐佛像,高39.55公分,宽30公分,面部已残,绕头有佛光,身上好像披着通肩袈裟,右手似作"施无畏相"(右手上举,伸五指,掌向外),左手似有所执。同墓的额枋上还刻有朱雀、铺首和垂钓者,而一般崖墓中在此部位也往往雕刻朱雀、龙、虎等神兽或神仙形象。在其附近与其风格相同的有纪年铭的崖墓里,有顺帝"永和"(136—141)年和桓帝"延熹"(158—167)等年号。[1]这个墓中所雕佛像应是东汉末年的作品。

在四川彭山县崖墓内发掘出一个陶制佛座,高20.4公分,座下部塑双龙衔壁,上塑端坐佛像,头上有肉髻,右手似作"施无畏印",着通身袈裟,衣褶分明,左右各立一侍者。墓内虽无纪年铭,但与陶制佛座同时出土的陶俑、陶动物以及陶制屋宇,等等,都具有明显的汉代明器的特征。[2]

关于四川的佛教,在东晋之前缺乏文字记载。四川佛像的发现,给佛教史学界提出一个问题:四川的佛教是从什么途径输入的呢?是从西域经敦煌直接输入的,还是从长安、洛阳输入的?我们认为更大的可能是通过云南输入的。对此,虽史书无证,但从这些考古发现,至少可以证明,在三国以前,四川已传入佛教。

---

[1] 闻宥:《四川汉代画像选集》,群众出版社,1955年版,第59图。
[2] 间引自《沂南画像石墓发掘报告》第6章及插图42。

三国时期的佛教造像，至今还没有发现。但1956年因施工在武昌莲溪寺东吴墓中出土的陶俑，看来是受到印度佛教的影响。墓中出土四件陶俑，陶胎紫灰色，施青绿色釉。两俑为尖发髻，两俑着冠，裸身托掌，作跪坐状。俑的面部与以往的俑显著不同的地方是：额部都塑有凸出的"白毫相"。这显然是受佛教造像的影响。吴支谦译《太子瑞应本起经》描述佛陀长相奇特，有"三十二相"，其中说："躯体金色，顶有肉髻，其发绀青，眉间白毫，顶出日光……"因此，这种陶俑应是佛教流行后的产物。[1]墓中发现吴永安五年（262）的纪年铅卷。据《三国志·吴书·孙琳传》，在此前三年，孙琳曾"坏浮屠祠，斩道人"；再据《高僧传·康僧会传》，在孙权末年康僧会立寺传教，吴国"大法（佛教）遂兴"。这说明，此墓的主人生活在吴国佛教流行的时候。这些陶俑的独特形象当是受了佛教的影响。

东汉三国是佛教开始传播的时期，其佛教造像还刚刚出现，正如佛教开始依附于中国传统的黄老道术一样，佛教造像也难免与中国许多传统的神仙、鸟兽的造像混在一起，还没能形成自己独特的风格。

---

[1]《考古》1959年第4期，湖北省文物管理委员会《武昌莲溪寺东吴墓清理简报》及图版7。

魏晋玄学与佛教般若学[*]

[*] "魏晋玄学"本书[指《中国哲学发展史（魏晋南北朝）》]有专题讲述，这里不重复。这里着重讲佛教般若学"六家七宗"的哲学思想。

魏晋玄学的出现，是汉代经学的终结，思辨哲学的开始。从汉代的宇宙论进入本体论，是中国哲学史发展的新阶段。

随着人类认识的深化，哲学家所讨论的问题，已不再停留在探索天地万物的构成，进而开始探索现象世界之后、之上有没有更根本的实体。他们追问世界万物存在的最后根据，即当时所谓本末、有无等问题。万有诸现象是"有"，"有"为什么会"有"，应当追问它的"所以"有。纷然杂陈的现象界变化万端，有没有一个比变化更根本的不变的实体作为变化的根据？这是魏晋玄学所关心的大问题。神学经学早有过解释，说成是"天"的意志、上帝的安排。经历了汉末理性主义的批判思潮的冲刷，魏晋玄学没有求助于上帝或天意，而是通过哲学思辨的途径去寻求答案。

哲学问题，看似玄远，讲的都是抽象命题，号称"清谈"，魏晋玄学在这方面的特点尤为突出。实际上，任何抽象命题，都扎根在现实的土地上，须受阶级与社会的制约，绝不会无因而起。魏晋之际的社会面临着前所未有的政治危机与社会危机。这是东汉以来政治腐败、儒家礼教的虚伪说教造成的。欺世盗名，名不副实，口号与行为脱节，造成了信任危机。像"孝廉"不孝，"秀才"无学，这种讽刺性的现实普遍存在，名与实完全脱节。当时对于"名教"与"自然"的关系的讨论，就是当时社会矛盾的反映。"名教"指与封建秩序相适应的各种名分，如君臣父子。按照封建名分，规定每个人应有的位置，这种社会义务属于"名教"管辖的范围，也可以叫作社会本性。当时社会提倡的社会本性，如忠君、孝亲，往往与实际情况不符，于是有人提出：君臣之间的忠、父子之间的孝，是否出于人类自然本性？按照人类的本性，任其自然发展，能否自然地产生忠、孝等观念？当时有不少哲学家探讨了这类问题，如嵇康、阮籍等人提出的顺应自然的主张。上古之世没有君主的社会，人们生活得很幸福，有了君主，有了国家，给人类带来了不幸、不自由。这种思想《庄子》早已讲过，不是嵇康、阮籍等人最先提出的，但魏晋哲学家重新提出来讨论，不能看作复古，它是当时社会矛盾的反映，是与本末、有无等本体论同时出现的重要问题。关于"名教"与"自然"的讨论，是魏晋玄学探讨社会、人生的重要题目。名教是维护封建宗法制的必要保证，封建地主阶级（包括门阀士族）不能废除"名教"，名教不能完全抛弃，但社会上对它已发生了信任危机，带头败坏名教的，往往是名教中的实权人物。按照人的自然本性，在现实生活中应当怎么办？在传统哲学思想里，儒家重名教，道家尚自然，两家主张不同，玄学家力图探求二者的共同点。玄学家的理论兴趣与门阀士族的政治利益有密切关系。如果完全顺应自然，忽视名教，那就要否定封建社会的存在，门阀士族的特权也被否定，这是不行的；如果完全按照名教规定办事，已享特权放任自由的门阀士族也不能接受。他们需要在名教与自然之间探寻一种融通的途径。阮瞻与司徒王戎有一段对话：

> 戎问曰："圣人贵名教，老庄明自然，其旨同异？"瞻曰："将无同。"戎咨嗟良久，即命辟之。时人谓之"三语掾"。（《晋书·阮瞻传》）

本末、有无、名教自然所讨论的问题，看来好像很抽象、不着边际，实际上玄学并不玄虚，它是应门阀士族的需要而出现的哲学。儒家失去汉代的独尊地位，而道家的思想资料对本体论的创建有帮助，因而儒道融通，形成魏晋玄学的总趋势。魏晋玄学形成和发展，完全是中国封建社会的产物。它与现实政治关系密切，在玄学的风气下，佛教传入才有了一个立足的地方。

般若学说是印度大乘空宗为批判小乘有宗而出现的一种理论。《般若》经典在汉末魏晋时期已译为汉文传入中国，直到西晋初年，这种学说流传不广，还没有在哲学界有所反映，如王弼、何晏的著作中，以及后来向秀、郭象的著作中都没有发现佛教思想的影响。东晋时期，《列子》书中才开始在非佛教徒的著作中有所反映。早期的翻译用词，也多沿用玄学家的词汇，如汉译"真如"为"本无"，译"般若"为"大明"等。佛教中流行的般若学说，都是有意识地发挥玄学的观点。如"六家七宗"就是东晋时期玄学思想在佛教思想中的反映。

佛教般若学借助于中国的玄学的社会影响，开始迎合、适应玄学的需要，发展了自己。正如道安所说，"自经流秦土，有自来矣……以斯邦人老庄教行，与《方等经》兼忘相似，故因风易行也"（《鼻奈耶序》）。所谓老庄，指的不是先秦的老子、庄子，而是指的当时玄学以王弼《老子注》及郭象《庄子注》为代表的老庄之学。

玄学提出一种新观点，不同于秦汉时代的哲学，它是在汉代宇宙论的基础上继续发展的一种哲学体系"本体论"。本体论探讨的中心问题即体用、本末、有无的问题。它关心的不是宇宙的结构、生成，而在于探求宇宙的本原。与本末问题相关联的认识有无可能，如何取得精神自由等，也是玄学所关心的。但这些问题都从属于本末、有无的总题目。这种变化，标志着认识的深化、抽象思维的程度和理论概括的水平提高了。

魏晋玄学给佛教般若学提供适宜的土壤，般若学沿着魏晋玄学的道路发展下去，在社会上层知识阶层引起了广泛的影响，从东晋到南朝初，可以说是般若学流行时期，形成了魏晋玄学发展的新阶段。

佛教般若学以论证现实世界虚幻不实为目的，宣传出世的宗教理论；魏晋玄学则是肯定现实世界的秩序，在现实世界中提供一种对世界的理解之学。一个讲出世（佛），一个讲入世（玄）。魏晋玄学关心的中心问题是名教与自然；佛教关心的是世间与出世间。佛教、玄学涉及两大问题，又都可以归结为本末、有无这一对总范畴。名教与自然，玄学家有以何者为本、何者为末的争论，如王弼以自然为本，裴頠以名教为本。郭象把名教与自然的关系协调一致，提出了"玄冥""独化"的自然论，认为名教与自然不是对立的，而是自然合一的，不但不背离而且还可以互相补充，不能割裂。这种理论为门阀士族的专政政治体制提供了理论支持：既照顾到了封建礼法的合理地位，又给门阀士族上层贵族以精神自由；既享富贵，又得逍遥，身居庙堂之上，其心无异于山林之中。

佛教的出世哲学，当然不能明目张胆地去调和庙堂与山林的对立，但佛教并不真正出世，佛教虽讲出世，但它实际上是以出世的姿态关注着世间。佛教信奉者宣称佛与周孔并无二致。

> 周孔即佛，佛即周孔，盖外内名之耳……周孔教极蔽，佛教明其本耳……渊默之与赫斯，其迹则胡越，然其所以迹者，何尝有际哉？故逆寻者每见其二，顺通者无往不一。（《喻道论》，《弘明集》卷二）

这种儒佛调和论，在当时很有代表性。佛教也想为治道尽力，协助王化，表面上相去很远，好像胡与越南北背道而驰，而根本上是一致的，两家的"所以迹"是一致的。

这一时期佛教理论的玄学化，出现了许多派别。僧叡把当时各派归为"六家"[1]，刘宋昙济有《六家七宗论》[2]。六家七宗的代表人物是：

六家	七宗	代表人
本无	本无	道安（性空宗义）[3]
	本无异	竺法深、竺法汰（竺僧敷）
心无	心无	支愍度、竺法蕴、道恒（桓玄、刘遗民）
即色	即色	支道林（郗超）
识含	识含	于法开（于法威、何默）
幻化	幻化	道壹
缘会	缘会	于道邃

这几个学派在西晋之际，几乎同时出现，各家学说内容已不可详考，有的资料已散失。这也是由于当时佛教各派为了迎合玄学，纷纷创立新说，仓促上阵，理论准备不足，有的短命，没有流传下来。如《世说新语·假谲篇》载：

愍度道人始欲过江，与一伧道人为侣，谋曰："用旧义往江东恐不办得食。"便共立"心无义"。既

---

[1]《毗摩罗诘提经义疏序》"六家偏而不即"（《出三藏记集》卷八）。
[2] 此论今佚，见唐元康《肇论疏》有记载。
[3] 吕澂先生认为本无宗代表人恐系竺法汰。见《中国佛学源流略讲》，中华书局，1979年版，第53页。

而此道人不成渡,愍度果讲义积年。后有伧人来,先道人寄语云:"为我致意愍度,无义那可立?治此计,权救饥尔!无为遂负如来也。"

这一条记载未必完全可信,可能出于六家七宗中的另一派的记载。因为当时持心无义的不光愍度一人,此说曾流行于江南各地。如按照学说的内容划分,僧肇在《不真空论》中对当时般若学派集中批判了本无、心无、即色三家,可见这三家有广泛影响,有代表性。

本无宗

本无宗又可分为两家,"本无"及"本无异"。这一派把般若的"空"理解为本体、无,否认现象的真实性,只承认本体空寂。

> 释道安明本无义,谓无在万化之前,空为名形之始。夫人之所滞,滞在未有,若宅心本无,则异想便息……安公明本无者,一切诸法,本性空寂,故云本无。(《中观论疏》)

> 道安法师《本无论》云,明本无者,称如来兴世,以本无弘教……庐山远法师《本无义》云,因缘之所有者,本无之所无,本无之所无者,谓之本无。本无与法性,同实而异名也。(《肇论疏》)

从这些记载中可以看出,以道安为代表的本无宗,完全继承了魏晋玄学的中心议题,以无为世界万化之本。其弟子慧远继承师说,以本无为法性,也是以般若性空为实体。昙济《七宗论》也说:

> 无在万化之先,空为众形之始,故称本无。非

> 虚豁之中能生万有也。夫人之所滞，滞在未有，苟宅心本无，则斯累豁矣。夫崇本可以息末者，盖此之谓也。(《名僧传抄·昙济传》)

照这种解释，无即万物之本，与王弼的以无为本的学说基本一致。王弼以《老》《易》为依据，发挥其以无为本的思想，道安等以般若性空为依据，发挥其以无为本的思想。两者的世界观基本一致。再据安澄记载：

> 夫无者何也？壑然无形，而万物由之而生也。有虽可生，而无能生万物。故佛答梵志四大空生也……复有竺法深即云：诸法本无为第一义谛。所生万物名为世谛。

竺法深的主张比道安的本无说，其理论上似乎后退了一步，道安的主张应属本体论范畴。竺法深的主张属宇宙生成论。"无能生万物"放在玄学本体论，似不够格，与佛教般若学说宗旨相去更远。以无为本的本体论取代宇宙生成论，是王弼的贡献，王弼也偶尔出现无能生有的说法，但他的基本思想是清楚的。[1]

---

[1] 参看《中国佛教史》第2卷，中国社会科学出版社，1985年版，第224—225页。

道安一派"以无为本"的观点,被后来般若学派奉为正宗,在六家七宗中影响最大,原因在于它上承魏晋玄学的正统,在佛教理论界建立了与当时中国玄学相应的本体论。这种本体论可以和"实相""法性"相呼应、衔接。道安的弟子僧叡,后来在鸠摩罗什门下接受中观学派的理论,对佛教大乘空宗学说有了较深的理解,他对道安过去所讲的本无学说有所评论,既肯定了他的功绩,又指出其不足:

> 自慧风东扇,法言流咏以来,虽曰讲肆,格义迂而乖本,六家偏而不即。性空之宗,以今验之,最得其实。然炉冶之功微恨不尽。当是无法可寻,非寻之不得也。(《毗摩罗诘提经义疏序》,《出三藏记集》卷八)

僧叡还指出:

> 亡师安和上,凿荒途以开辙,标玄指于性空……亹亹之功,思过其半。(《大品经序》,《出三藏记集》卷八)

这里说的"性空之宗"即当时最大的本无宗。他批判了"格义"迂而乖本和"六家偏而不即",特别推崇道安(安和上),其实,道安也还是用的"格义"方法,道安也是"六家"中的一家。可能出于师生之谊的避讳，没有公开批判，而是说由于"无法可寻"才造成了某些缺失。无法可寻即指道安没有机会接触中观学派的理论（法）。后来青年学者僧肇就不像僧叡有所避讳，而是直接指出，本无宗的理论有错误。

> 本无者，情尚于无多，触言以宾无，故非有，有即无；非无，无即无。寻夫立文之本旨者，直以非有非真有，非无非真无耳。何必非有无此有，非无无彼无？此直好无之谈，岂谓顺通事实，即物之情哉？（《不真空论》）

僧肇指出把"无"看作至高无上，其错误是把"无"当成了某种实体看待，这就把本是"空无"的世界给分割成"这个有""那个无""宰割以求通"，违背了大乘空宗的本旨。

心无宗

心无宗创于支愍度,早于道安的本无宗。该说的资料保存得不全,不像本无宗留下来的资料那样多,只能从简略引文中窥见一二。元康《肇论疏》说:

> 心无者,破晋代支愍度心无义也……"无心万物,万物无尝无",谓经中言空者,但于物上不起执心,故言其空。然物是有,不曾无也。此"得在于神静,失在于物虚"者,正破也。能于法上无执,故名得。不知物性是空,故名失也。

元康所理解的僧肇论的宗旨,大致不差,指出心无宗理解般若空义,其正确的地方是提出了教人于物上不起执心,破除了意识上的"有",而没有破除外界(物)的"有",没有认识物性是空,所以造成过失。结果将造成一种误解,好像佛教般若学派以心为无,以物为有,这显然不符合佛教的宗旨。据《高僧传·竺法汰传》:

> 时沙门道恒,颇有才力,常执心无义,大行荆土。汰曰:"此是邪说,应须破之。"乃大集名僧,令

弟子昙壹难之,据经引理,析驳纷纭。恒仗其口辩,不肯受屈。日色既暮,明旦更集。慧远就席,攻难数番,关责锋起。恒自觉义途差异,神色微动,麈尾扣案,未即有答。远曰:"不疾而速,杼轴何为?"坐者皆笑。心无之义,于此而息。

这次的大论战,道恒可能是在本无宗大师法汰的安排下参加辩论的。参加者多倾向于本无宗。道恒最后"未即有答",略有迟滞。当时谈名理,以捷悟为上,略有迟滞,即占下风。从《高僧传》的记载中,看不出道恒在理论上已被驳倒。而且当时佛教理论界尚未接受中观学说,理论准备不足,只靠般若旧义,是不可能把心无义驳倒的。到僧肇时期,集中批判当时般若学影响较大的三个学派中,就有心无学派。僧肇还指出它有正确的一方面,"得在于神静"。可见这一派并没有消失,在东晋流传了百年左右。

即色宗

支道林倡即色[1]论,这一派保留下来的资料较多,影响也较大。据慧达《肇论疏》云:

> 支道林法师《即色论》云,吾以为即色是空,非色灭空(此引《维摩经》。《肇论·不真空论》引之为"色之性空,非色败空"),此斯言至矣。何者?夫色之性,色不自色(三字依上段加),虽色而空。如知不自知,虽知恒寂也。

安澄《中论疏记》云:

> 支道林著《即色游玄论》云,"夫色之性,色不自色;[色]不自[色],虽色而空。知不自知,虽知而寂"。彼意明色心法空名真,一切不无空色心是俗也。《述义》云其制《即色论》云,"吾以为即色显

---

[1] 支道林著作多保存下来,可参看汤用彤著《汉魏两晋南北朝佛教史》第九章,中华书局,1983年版,第180—181页。

空,非色灭空"。

上述引文略异,但基本意思不差,可以代表支道林的思想。再看支道林自己的文章就更清楚:

> 夫般若波罗蜜者,众妙之渊府,群智之玄宗,神王之所由,如来之照功。其为经也,至无空豁,廓然无物者也。无物于物,故能齐于物。无智于智,故能运于智……顿其至无,故能为用。(《大小品对比要钞序》,《出三藏记集》卷八)

支道林以般若为本无,直承玄学的传统,至为明显。但他没有停留在本无宗的认识水平上,而是有所发展。

> 夫无也者,岂能无哉?无不能自无,理亦不能为理。理不能为理,则理非理矣;无不能自无,则无非无矣……若存无以求寂,希智以忘心,智不足以尽无,寂不足以冥神。

支道林仍然用魏晋玄学本体论的语汇来表达他对佛教般若性空的理解。他主张不应"存无以求寂,希智以忘心"。本体不同于具体实物,般若的"空"不同于本体的无。支道林受魏晋玄学影响甚深,对《逍遥游》提出新解,出向秀、郭象之外。他讲佛经，但取其大义，有时与佛经文句不合。他这些特点，时人以为是优点，认为他善于"得意"。其实，支道林解释的般若学，只能当作支道林所理解的般若学。因为当时中国学者对般若空宗的理解，也只能达到那样的水平。

支道林的《即色论》，在六家七宗中，思路比较灵活，对般若空的理论，发挥"即色是空"观，也有独到之处。僧肇在《不真空论》中批判支道林的即色义，说：

> 即色者，明色不自色，故虽色而非色也。夫言色者，但当色即色，岂待色色而后为色哉？此直语色不自色，未领色之非色也。

这是说，即色宗但知色非自色，因缘而成，不存在所谓色的实体。但是他的认识还差了一点，没有明确指色本身就是空的。色的空不是经过分析，然后才是空的。因而僧肇认为这一派也不能算真正理解般若空的宗旨。

识含宗

据吉藏《中观论疏》引：

> 于法开立识含义：三界为长夜之宅，心识为大梦之主，今之所见群有，皆于梦中所见。其于大梦既觉，长夜获晓，即倒惑识灭，三界都空。是时无所从生，而靡所不生。

"识含"宗以三界为梦中所现，为心识所变，世间境界为心识所摄。据唐均正《四论玄义》述梁武帝之说，"彼（梁武帝）明生死以还，唯是大梦，故见有森罗万象。若得佛时，譬如大觉，则不复见有一切诸法"。按宗炳《明佛论》，谓"识含于神"。[1] 于法开认为三界本空，众生由于神明不觉，如陷梦境，以为不空。及惑识尽除，则神明成佛。众生均有此神识，识有颠倒，觉三界为有，神明觉悟，则以三界为空。

这种学说否定物质现象为实有，符合佛教唯心主义世界

---

[1]《明佛论》"知慧恶亡之识，常含于神矣"。

观。更值得注意的是他提出了神、心、意、识等范畴,以神为主宰,以识为功用。后来的佛教心性论重点探讨心性问题,识含宗已开始向这方向进行探索。他们的错误在于"空"了物质界,把心神当作根本,仍不符合般若讲空的宗旨。

幻化宗

吉藏谓幻化宗为壹法师说。法汰有弟子昙壹及道壹。昙壹曾参加与道恒心无义的论辩,当为本无宗的信奉者。又据《中论疏记》云"壹法师云,世谛之法,皆如幻化。是故经云,从本以来,未始有也"[1]。又说,此说但空诸法,不空心神。

> 《玄义》云第一释道壹著《神二谛论》云,一切诸法,皆同幻化,同幻化,故名世谛,心神犹真不空,是第一义。若神复空,教何所施?谁修道?隔凡成圣,故知神不空。

道壹主张存神而空外境,与识含宗学说大体接近,但其神不灭观点更为明确,与慧远、梁武帝等人的神不灭说相呼应。

---

[1]《疏记》引《大集经》卷九。

缘会宗

缘会宗也没有多少资料留传下来。吉藏谓为于道邃之说。道邃为于法开同学,为于法兰之弟子。

《中论疏》云:"于道邃明缘会故有,名为世谛。缘散即无,称第一义谛。"《中论疏记》释云:

> 《玄义》云,第七于道邃著《缘会二谛论》,云缘会故有,是俗;推析无,是真。譬如土木合为舍,舍无前体,有名无实。故佛告罗陀,坏灭色相,无所见。

于道邃以因缘会合,形为万有,众缘分解,万有皆空。这一派与后来周颙的《三宗论》[1]的第二宗相同。这是用分析的方法,以论证万物不实。它和"识含""幻化"都否认物质世界为实有,都与心无宗对立。但缘会之说乃佛教大小乘通常所持观点。仅从上述资料,看不出有什么特点,这一派影响不

---

[1]《三宗论》:南齐周颙撰,为空假名、不空假名、假名空。

大，后来没有什么影响。

统观六家七宗的学说，可以看出，佛教般若空宗学说到了中国，即被中国知识僧侣所曲解。这种曲解，不是任意歪曲，更不是无知妄说，而是用当时最高深的玄学原则和般若学说相附会。六家七宗的出现，标志着中国佛教哲学思想发展的新阶段。过去对佛教的解释权在外国译经人手里，从此以后，佛教经论的解释权转移到中国知识僧侣手中。佛教逐渐中国化，成为中国的上层建筑的一部分。

六家七宗的学说，是中国佛教化的本体论，它关注的不是世界万物的构成，而是世界万物的本体，它仍然是关于本末、有无、体用关系的讨论。这个议论的范围只是在佛教僧侣中开展的，也可说是魏晋玄学在佛教哲学的继续。

鸠摩罗什与中观学派

任继愈谈魏晋南北朝的佛教经学

鸠摩罗什[1]祖籍印度，出生在中国，他实际是中国僧人。他的译经和传教事业，对中外文化交流，对国内民族文化交流，起过促进作用。

从鸠摩罗什开始，中国佛教译经事业被政府当作国家文化教育事业的组成部分，与国家太学同等看待。所不同的是，太学为政府培养官员，佛教机构为政府培养佛教神学人才。鸠摩罗什所译佛经，译文精美超过汉魏诸汉译本，译经内容也比过去更有系统。后来中国佛教许多流派所据经典，多根据鸠摩罗什的译本。他译出的《成实论》是小乘空宗向大乘空宗过渡的重要典籍，也是佛教徒的初级手册，发展为成实学派。《中论》《百论》《十二门论》号称"三论"，发展为三论学派。他重译的《法华经》代替了旧译《正法华经》，成为天台宗的主

---

[1] 鸠摩罗什（Kumarajtva），意译为童寿（344—413），龟兹（今新疆库车）人，见《高僧传》卷二，为我国四大佛典译家之一。

要经典。《阿弥陀经》成为净土宗的主要经典之一[1]。《十诵律》是一部完备的汉译小乘戒律，《梵网经》是大乘戒律的著作。《大智度论》是他根据中国读者的情况，自行编译的大乘空宗重要典籍。在长安十余年中，据《佑录》共译出经论三十五部，二百九十四卷；据《开元录》列为七十五部，三百八十四卷。据近人考订，现存三十九部，三百一十三卷。汉文著作有《实相论》（已佚）、《答王稚远十数问》（已佚）和《大乘大义章》《维摩诘经注》[2]等。《佑录》记载少于《开元录》，当由于当时南北阻隔，信息不全，有所遗漏。

鸠摩罗什的译文，流畅易懂，不采取直译而采用意译，在我国译经史代表新的阶段。译文能够行久及远，除与他的学术修养造诣有关外，也得力于他周围的一批才识优异的助手的协助。他的弟子中，有人称赞说：

> 什以高世之量，冥心真境，既尽环中，又善方言。时手执胡文、口自宣译。道俗虔虔，一言三复，陶冶精求，务存圣意。其文约而旨，其旨婉而彰，微远之言，于兹显然。（僧肇《维摩诘经序》）

---

[1]净土宗依据的主要经典，还有《无量寿经》《观无量寿经》，号称"净土三大部"。

[2]《注维摩经》，佚，今僧肇《注维摩经》引用"什曰"处，当为罗什著。

与旧出译本相较,鸠摩罗什的译本大大超越了前人。同时也要看到鸠摩罗什译本的局限性:

> 法师(鸠摩罗什)于秦语大格,唯译(识)一法,方言殊好,犹隔而未通,苟言不相喻,则情无由比;不比之情,则不可以托悟怀于文表;不喻之言,亦何得委殊途于一致?理固然矣。进欲停笔争是,则校竞终日,卒无所成;退欲简而便之,负伤乎穿凿之讥。以二三唯案译而书,都不备饰。(僧叡《大智释论序》)

鸠摩罗什对自己的译文也不完全满意。他从更高的标准来看译文,甚至认为翻译为不可能。他说:

> 天竺国俗,甚重文制,其宫商体韵以入弦为善。凡觐国王,必有赞德。见佛之仪,以歌叹为贵。经中偈颂皆其式也。但改梵为秦,失其藻蔚,虽得大意,殊隔文体,有似嚼饭与人,非徒失味,乃令呕哕也。(《高僧传》卷二本传)

鸠摩罗什的译文,有长处,也有短处。不论其长处和短处,都不能简单地归结为罗什个人的责任。罗什的一批助手都是当时著名僧人,翻译者的用词和表达方式,都不能不受助手们的制约，这些局限使罗什认为翻译为不可能，比作"嚼饭与人"。罗什认为失误和不满之处，从另一角度看，未尝不可以认为是他的译文大受汉地读者欢迎之处。

鸠摩罗什不只是一个翻译家，也是一个佛教理论家。他集中介绍印度龙树、提婆的中观学说。这一派的学说是大乘般若学后期的产物。

姚秦时期，参与译经的人数多达数百人，听讲人数多达三五千人。僧众人数众多，难免鱼龙混杂，政府创立管理僧众的机构，命僧䂮为僧正，僧迁为悦众（都维那），法钦、慧斌共掌僧录。后经北魏到隋唐，形成了一套适合中国情况的僧官制度，与印度制度很不一样。

为了发展佛教，鸠摩罗什培养了一大批佛教理论专家，千百弟子中，道生、道融、僧肇、僧叡号称"什门四哲"。其中道生、僧肇影响较大。

门阀士族地主阶级骄奢淫逸、放荡任性的生活方式，是魏晋以来形成社会上层的风气。在僧侣地主阶级中，随着寺院经济的逐渐发达，贵族式的生活也滋长起来。早期佛教严格遵行的出家人的戒律和操守，也逐渐被遗忘，以至于被攻击。鸠摩罗什本人对佛教的清规戒律未能遵守。姚秦国主认为他聪明绝顶，不能绝种，应当留有后代，赐他女子十人，他接受了这些女子，从此拥有家室，不住僧房。他到长安译出的第一部佛经是姚秦弘始三年（401），即声讨头陀行的《诸法无行经》。

早期佛教为了反对婆罗门教的豪侈生活，提倡清心寡欲，释迦本人成道后，一贯靠乞食维持生活，僧人不得蓄积财物，用艰苦贫困的生活来磨炼意志，鄙夷富贵享乐，厌离世间。佛教从开始建立之日起，即力图与世俗生活划清界限，但佛教始终未曾提出消灭贫困，向富人对抗的主张。只是在僧众内部推行平均主义的集体过穷日子的出家人生活，所抨击的只限于僧众内部的享乐意识。鸠摩罗什所宣扬的大乘佛教，已到了佛教后期，僧侣阶级已越来越富有，有财产及奴婢，早已脱离了乞食为生的生活方式。

《诸法无行经》批判锋芒指向持头陀行的代表"威仪比丘"。持头陀行者攻击城邑聚落之僧，坚持"见苦、断集、证灭、修道"，奉行"四谛"。头陀行者奉行"四谛"的结果，不但没有得到解脱，反而造成罪过，命终受报，"堕阿鼻大地狱，九百千亿劫受诸苦恼"（《诸法无行经》），原因在于光靠苦行修炼，而不懂般若空观的道理。这部佛经提出了令一切小乘各派触目惊心的新命题：

> 一切众生皆得菩提，一切众生皆是道场；
> 一切诸佛皆成就贪欲，一切诸佛皆是邪见；
> 一切诸佛住四颠倒、五盖、五欲、三毒，得阿耨多罗三藐三菩提。

总结为偈颂：

> 贪欲是涅槃,恚、痴亦如是,如是三事中,有无量佛道。

大乘佛教反对小乘佛教的禁欲主义,批评小乘"小欲知足"不是真正少欲,而是为了得到来世的更大的好处。大乘佛教自称:

> 虽有财宝,心不贪着,乐于圣道,以是之故,虽复富有,七珍盈溢,心无希求,名为少欲。

他们批判了小乘佛教,认为小乘佛教:

> 虽无财宝,希求无厌,不得名为小欲知足。

这不但为富贵人辩护,也为富贵人占有、享用财富找到了理论根据。鸠摩罗什译出《华手经·验行品》,记述魔化一法师与女人共欲事。求法者对法师的违戒行为很不理解,提出责难。大乘佛教解释说:

> 一切罪业皆从忆想分别故生。若我随所见相(按:指法师与女人共欲事),轻恚法师,亦能谤佛,毁逆佛法。

照这种解释，有过错、犯戒的不是那个法师，而是批评那个法师的人，因为他分别男女相，相信了自己主观产生的虚诳相。放荡不羁，蔑弃礼法，门阀士族的生活作风已成为上流社会的时尚，不这样，够不上高雅。维摩诘的人格受到普遍欣赏，败坏僧规受到称赞，拘守礼教遭到讥笑，是当时的时代思潮，鸠摩罗什为人为学受到中原上层贵族的重视，是可以理解的。后来竺道生提出一系列的惊世骇俗的涅槃学说命题，并非无因而起，鸠摩罗什已经为他铺设了道路。佛教史称竺道生"孤明先发"，细考其根源，最先给中国佛教教条主义以大胆的冲击的，不是道生，应当是道生的老师鸠摩罗什。

我们不在于评论印度佛教大乘思想的产生的原因和背景，我们要指出的是印度大乘佛教得以在中国站住脚，并受到尊重的中国的社会环境。

一 破除"神我"的有神论

鸠摩罗什不单纯是翻译家,他又是佛教理论家,通过他系统地介绍了印度龙树、提婆的中观学派,他的翻译是以中观学派为中心的经论。中观学派是大乘般若空宗的最高发展阶段。《大智度论》(龙树撰)一百卷汉文译本,是鸠摩罗什的译文代表作。据记载,原本有十万偈,汉译本初品(三十四卷)为全译,其余部分为节译。如果全译,当为今译本的十倍,"以秦人好简,故裁而略之"(《佑录》卷十,僧叡《大智释论序》《大智论记》)。《大智度论》主要发挥《般若经》思想,但该书取材宏富,它涉及《阿含经》《阿毗昙》《法华经》《华严经》以及佛本生、佛传故事、戒律等多种佛教典籍,但是它的宗旨很明确,宣传"一切皆空"。

以世界为空幻,佛教的创始人开始传教就反复申明这种观点。原始佛教主张"众生空",又名"人空"。把人身机构分解为"五蕴""四大",指出它无常,最后归结为"空"(不实在)。大乘空宗认为这种空观还不彻底,不但"众生空",还要讲"法空"。在《大乘大义章》中说:"有二种论,一者大乘论,说二种空,众生空、法空;二者小乘论,说众生空。"鸠摩罗什给大小乘做出的这一分别,对中国佛教界产生广泛影响。后起大乘各大宗派,都以"二空"自命,与竺法护介绍的大乘普度众生的观点,成为区别大小乘的主要标志。

鸠摩罗什介绍的佛教经论,归结为两条战线的批判,一条战线是向佛教以外的教派斗争;一条是向佛教内部小乘有部斗争。这两条战线都做出了出色的成绩。佛教认为外道中、有唯物论倾向的教派有胜论(Vaisska)和数论(Sāṃkhya)。这两派都承认世界万物为实有,连小乘佛教也表示反对,大乘佛教对这种学说更加不能容忍。

《大智度论》以大量篇幅批判以"神我"为实体的观念。

> 若常相、非常相,自在相、不自在相,作相、不作相,色相、非色相,如是等种种(神我)皆不可得。(《大智度论》卷一二)

因为生死、苦乐都是"非常"的表现,与"神我"是"常"的概念相矛盾。若主张神无常相,它又与天竺各教派相信后世有福罪报应的教义相抵触。若神是自在(自由)的,则应随欲所得皆得,事实上并不能说它自由。若神我有色身,则色身无常,神亦无常。大乘中观派,从神不是永恒实体、神不自由、神没有物质实体、神没有精神实体,最后论证神我不能成立。[1] 中观派破神我,破得很彻底,不但人类无神我,天竺

---

[1] 参看《百论·破神品》。

所传的世界的造物主摩醯首罗[1]也不实在。大乘空宗从两个方面驳斥自在天的存在,一是它不能创世,一是它不自在。

若万物从自在天生,皆应似自在天,是其子故。复次,若自在天作众生者,不应以苦与子。(《十二门论·观因果门》)

彼若自在者,不应有所须;有所须自作,不名自在。若无所须,何用变化作万物,如小儿戏?(《十二门论·观因果门》)

大乘空宗反对有神论,从个人的灵魂到创世大神,都给予驳斥。采用方法,都是从经验范围立论的。据此,有些佛教研究者认为佛教是一种哲学或人生观,而不是宗教信仰,或称它为"无神论"。这是一种误解。从佛教的全体看,不是所有佛教都持这种观点。小乘犊子部就相信"补特伽罗"[2]的存在,它是作为轮回的主体的"神我"。大乘佛教有宗涅槃经系统,

---

[1] 摩醯首罗(Mohēśvara):译为大自在天。大自在天的观念,也曾被一部分佛教徒所接受,如北凉道秦译的《入大乘论》把自在天分为"净居自在"和"世间自在"。净居自在已"邻于佛地"。佛教密宗则把它作为"大日如来"的"应现"。

[2] 补特伽罗(梵文 Pudgala),亦译为"富特伽罗",旧译为"福伽罗""补伽罗""富伽罗""弗伽罗""富特伽耶"等,意译为"数取趣",意为多次入于五道轮回者。

公开标榜常、乐、我、净，也是一种"大神"。鸠摩罗什介绍的大乘中观学派，反对当时流行的有神论，却不能认为是唯物主义所理解的无神论。如：

> 若"自在"作万物，初作便定，不应有变，马则常马，人则常人。(《十二门论·观因果门》)

佛教大乘空宗不承认有神，只承认有业力作用造成的罪、福、善、恶。最终归结为因果报应的宗教教义。他们以"世俗谛"，名义承认因果轮回，认为没有神或灵魂，但有一个"识"是因果轮回的承担者。同时又规定"识"的性质为"刹那灭"。这种解释，反对了永存的神或造物主，又抬出了"识"。识代替了神的功能。除了自己给自己制造麻烦以外，实际上没有把神取消。这种转弯抹角的有神论，是佛教大乘空宗特殊形式的有神论，不能理解为非宗教的无神论。

从宗教立场看，这种说法，只是换了一个名称，用识代替了神或灵魂。僧叡在《毗摩罗诘提经义疏序》说：

> 此土先出诸经，于神识性空，明言处少，存神之文，其处甚多。(《出三藏记集》卷八)

僧叡指出的这一现象，符合我国佛教史实际情况。从前，汉译佛典，多把无我之"我"理解为"肉体之身"。鸠摩罗什通过译文,力图纠正这种长期形成的误解。但这种努力并未引起中国佛教界、理论界的重视。相反,南方庐山慧远却发动了神不灭论向神灭论的论战。这种分歧也成为他与鸠摩罗什学说的重要分歧之一。[1]

中观学派对《大品般若经》中"十八空"[2]的阐述,表达了这一学派把大乘空宗的否定一切的世界观和方法论贯彻到底,是佛教讲空的理论的最后总结。所谓"十八空",是把"空"的概念逐步分析,逐步深入的思维过程。批判小乘的世间空,讲出世间空,达到毕竟空,最后引导到认识论方面,主观世界与客观世界有无统一性,人能否认识世界。最后的答案是"一切法空"。《大智度论》讲的十八空,是从十八个方面说明一切法空的方法,而"一切法"并非因运用"十八空"的方法分析才成为"空"的。"非十八空故令色空,何以故?不以是空相强令空故"。因为一切事物本来是"空"的,"不以空智慧破色令空,亦不以破色因缘故有空。空即是色,色即是空"。这里讲的"空即是色,色即是空",是大乘空宗的一贯运用的总原则,般若经中反复讲说。它这种公式,适用于分析一切现象(包括物质现象及精神现象),讲到"识"时,它认

---

[1] 鸠摩罗什与慧远的理论分歧,参看《中国佛教史》第2卷,中国社会科学出版社,1985年版,第676—701页。
[2]《大品般若经》的译本中,《放光般若经》有十四空、十八空,《光赞般若经》为二十一空。这里的"十八空"出自鸠摩罗什译的《摩诃般若经》。

为"空即是识,识即是空"。"空性"为现象自身所固有,而不依人的意志为转移,又称为"当体空",后来流传的《摩诃般若波罗蜜大明咒经》(玄奘重译,称《般若波罗蜜多心经》)在民间流传得比《金刚经》还要广泛。此经的核心思想是"非色异空,非空异色。色即是空,空即是色"[1](《摩诃般若波罗蜜大明咒经》)。大乘空宗的最根本的特征即"自性空",一切现象从其本质来说是"空"的,不需要外在根据,这个"空"不是论证得出来的。

---

[1] 玄奘《般若波罗蜜多心经》译作"色不异空,空不异色,色即是空,空即是色"。

二 "八不缘起"说

《中论》[1]开宗明义,提出了"八不"的主张:

> 不生亦不灭,不常亦不断,不一亦不异,不来亦不出。能说是因缘,善灭诸戏论,我稽首礼佛,诸说中第一。

《中论》中这"八不"是作为四对范畴提出来的。四对范畴中,第一对"生灭"范畴是关键。"常"与"断"解释世界连续性问题,"一"与"异"解释世界同一性问题,"来"与"去"解释世界转化问题。这四对范畴被提出来,说明佛教大乘理论思维发展,达到了新的水平,它不像小乘佛教侧重于宣传解脱个人苦难的途径,而是从世界观的高度观察世界,并探讨它的本原。小乘佛教用"四大"来解释世界的构成,那是一种宇宙生成论,属于宇宙论的发展阶段。大乘空宗的"八不",也探究世界的本原,它不是讲世界为何起源的,而是进

---

[1]《中论》梵文 Mādhyamika-śastra,古印度龙树著,青目注释,罗什译为四卷,共二十七品,四百四十六颂,约称五百颂,是大乘空宗重要经典。

一步探索世界何以有起源,探求世界之本,这已进入本体论的讨论范围,它与中国的魏晋玄学所关心的问题,属于认识的同一层次。中观学派介绍到中原地区,并引起佛学理论界的共鸣,应当说与当时中国理论界的玄学本体论的社会基础有关。

《中论·观因缘品》首先驳斥了外道和小乘关于世界起源的种种"戏论"。世界不是由"四大"所生,不是由自在天所生。小乘佛教主张世界由众因缘和合而生,《中论》驳斥了这种观点。它认为世界万物非自生,非他生,也非他自共生;不论从哪个方面说,世界都不能说是"生"出来的,它是"不生"。由于"不生",所以"不灭"。小乘用十二因缘说明世界起源,构成小乘佛教的缘起说,称为"业感缘起"。但从大乘空宗的观点看,世界本来"不生",小乘执著"十二因缘"说,是"不知佛意"。中观学派以"八不"为根据,去改造"十二因缘"说。"缘起"说,本来是用来说明世界起源的理论,中观学派却把"八不"当成世界的本源,"缘起"说退居次要地位,中观学派称之为"因缘无生"[1]。

《中论》说"诸法不自生,亦不从他生,不共、不无因,是故知无生"(《中论·观因缘品》)。这里提出世界万物的发生,不外四种可能:自生、他生、自他共生、无因生。

先说"自生"。自生,是自己产生自己。自生又有两种可

---

[1] 见僧叡《十二门论·观缘门》提要。

能：一是待缘生，二是不待缘生。不待缘生又有两种可能：一是"有为法"，二是"无为法"。有为法受因缘的制约，说它"不待缘"，与它定义不合。有为法表现为生、住、异、灭诸相。如说它不受因缘制约，其生灭无因果可循，造成混乱。因此，"有为法"生万物之说不能成立。"无为法"是与"有为法"相对待而存在，这也排除了"无为法"的不待缘性。可知"不待缘而生"是不可能的。现在再看"待缘生"是否可能。

"待缘生"也有两种解释。一是主张诸法由"六因四缘生"，这是小乘佛教一切有部对因缘法的分类，并为大乘佛教所接受。中论学派由因果关系分析待缘生的不可能。

首先，驳斥了"因生果"论：

> 因是法生果，是法名为缘；若是果未生，何不名非缘？（《中观·观因缘品》）

有缘才有果，生果才称缘。能生果的法称为缘；尚未生果的法不能称作缘。要证明"待缘而生"，表示果尚未生，也就无缘可待。

其次，驳斥了"果待因"论：

> 若法因待成，是法还成待。今则无因待，亦无所成法。（《中论·观燃可燃品》）

如果现象的生成待缘而成,现象未成之前,生成它的那些缘(条件)不能成立;若现象已生成,则生成它的那些所谓条件(缘)不起作用。所以说果不待因。

第三、驳斥了因中有果和因中无果论:

果先于缘中,有无俱不可;先无为谁缘?先有何用缘?(《中论·观因缘品》)

这是从果未生之前存在的状态讲的。假如果已先存在于缘中,则果本来已生,缘没有必要;假如"缘"中根本无"果",则无不能生有,缘没有作用。他们还考虑到"多缘"与果的关系:

若众缘和合而有果生者,和合中已有,何须和合生?若众缘和合,是中无果者,云何从众缘,和合而果生?(《中论·观因缘品》)

由此推知,不论因中有果还是因中无果,果不可能被生出来。若因中之果"半有半无"亦不能成立。以有与无相违,一法不得有二相故。果既无,缘亦无,"生"即不可能。

第四、驳斥"因变果"论:

若因变为果,因即至于果,是则前生因,生已

而复生。(《中论·观因果品》)

因能否变为果,《中论》从三个方面予以驳斥:假若因灭而后变为果,则因已灭,因的作用已失;要变为果,"应还更生"。这不可能。假若因即变为果,即因果相等,不存在变的问题。假若因不尽灭,但名字灭,而因体变为果,"如泥团变为瓶,若泥团但有名,不应变为瓶"(《中论·观因果品》)。

中观学派所用的方法,很烦琐,也很精密,对中国的理论界,有启发作用。但他得到的结论是不正确的。他的错误有二。第一,他从理论上割裂了因果之间的联系,孤立地看待因果。"因"与"果"毫无联系,"变"与"不变"毫无联系,非此即彼,犯了形式主义过失。第二,经不起实践的考验。实际生活中出现的事实,可以驳倒他所摆出来的那些空洞的推论。

佛教宗教教义要坚持因果轮回观念,而中观学派"因缘无生"理论,破坏了佛教的迷信宗教宣传,用纯粹的概念分析方法斩断因果之间的联系。破坏了轮回说,等于夺去佛教的生命。这也是使它不能长久得势的原因之一。

以上是从因缘关系来观察因与果之间没有联系。现在再从传统佛教的"四相"[1]说考察"生"的不可能。

> 有为法有三相:生、住、灭。万物以生法生,以住法住,以灭法灭,是故有诸法。(《中论·观因果品》)

世间万物(法)这三相,是万物生成的元素,万物有"生相"才能生成。中论驳斥了这种观点:

> 若生是有为,则应有三相;若生是无为,何名为有相?(《中论·观因果品》)

中论不满足于万物有"生相"才促成它的存在,它进一步追问,"生相"自身也应有它的生、住、灭三相。推上去,可以推到无穷。说"生"属于"有为法"(现实世界的东西)不可能。说"生"属于"无为法"(非现实世界的存在),"无为法"的含义即"灭有为",灭有为当然不能"生"万物。"有为""无为"都与"生"没有关系。

关于"生",还有一种解释:

---

[1] 自小乘佛教开始,就提出世间法都有"四相",四种存在的形式,即"生、住、异、灭";也称为"三相",即"生""住""灭",或"生""住异""灭"。

生生之所生，生于彼本生；本生之所生，还生于生生。(《中论·观因果品》)

这是避免上述"三相"说关于"生生"产生"生"，从而导致无穷的生的论据上的缺失，而提出的一种补救说法，认为有一种能产生（生）生的作用，"本生"指能生的本体。这又有两种逻辑上的可能：一种认"本生"产生"生生"，"生生"产生"本生"。生的本体产生生的行为；生的行为又产生生的本体。这仍然是一种因果循环论证。另一种"生生"与"本生"没有时间上的先后，"生生"产生时，即生"本生"。

如灯能自照，亦能照于彼。生法亦如是，自生亦生彼。(《中论·观因果品》)

这种说法也不能成立。生法自身之生尚需论证（未能证实）。《中论》认为以灯照暗的例子也不妥。灯之体是明，明即无暗。照明破暗是灯之用。灯是无暗，"无暗则无照，何得言灯自照亦照彼"。可知灯不能产生照明作用。如果说，"灯生时，而能破于暗"，这也不对，因为灯有"明"即"无暗"，有明之灯不能达到无明之暗。

可否从时间上理解"自生"的可能性？这也不可能：

生非生已生，亦非未生生，生时亦不生。(《中

论·观三相品》)

假定此"生"在过去已存在,则此"生"已生,则不须再生。如果"生时"生,那么离生法,生时不可得,离生时,生法亦不可得。不能说"生时"是生的原因,也不能说"生时"产生"生"。

以上是驳斥"待缘生"的观点。这是集中驳斥了小乘有部以"有为法"为实体的各种矛盾。"自生"不能成立,待缘的他生,同样不能成立:

> 自性无故,他性亦无。何以故?因自性,有他性,他性于他亦是自性。若破自性,即破他性。是故不应从他性生。(《中论·观因缘品》)

上述论证诸法"不生"的观点,可用《百论·破因中无果品》的一段话作为总结:

> 物物非物,非物互不生。物不生物,非物不生非物。物不生非物,非物不生物。

物不能自生,也不能由非物产生,非物不能产生物,结论只能是物不能生物。照这种逻辑论证方法,与前面所举的因果不可能一样,生物同样不可能。甚至得出"母实不生子"的诡辩式的推论：

> 若物生物，如母生子者，是则不然。何以故？母实不生子。子先有，从母出故。若谓从母血分生，以为物生物者，是亦不然。何以故？离血分等，母不可得故。(《百论·破因中无果品》)

这里的推论，论证"不生"的道理总算很"彻底"。只是逻辑有些混乱。论证"母不生子"，讲的是母子之间没有相生的关系。但他们提出的根据是否认母的存在，"母"不过是血肉和合的一种存在，不过是缘生。它抛开母子相生的关系，专论"母"的"不存在"，偷换了概念，陷于错误。

我们要指出的是，中观学派否认有"生"的存在，为了论证"灭"也不存在，无生无灭，一切皆空。

论证"常"与"断""一"与"异""来"与"出"诸范畴的关系，用的是同样的方式，为避免烦琐，这里不详说。[1]

---

[1] 参见《中国佛教史》第2卷，中国社会科学出版社，1985年版，第347页。

三 实相不可说

中观学派大力倡导的"八不缘起"说,不是探究关于现实世界是如何构成的,而是用逻辑分析法去论证现实世界的存在、变化如何不可能。夸大了人类思维活动规律、语言表达能力的局限性,论证一切认识皆属空幻。它揭露了认识中的矛盾,但没有认识矛盾存在的价值和意义,却抓住事物矛盾现象,错误地把矛盾当作谬误。人类思维中常用的"二律背反",在于使两个相反的命题同样可以成立,从而深入揭示其内部矛盾。中观学派的"八不缘起",也使用了这种方法,它用两个以上矛盾,揭示现实世界的不真实,并把这种推论方法推向极端。连佛教公认的最高境界原则"无为法"(涅槃境界)也被指为不真实,这就破坏了佛教信仰的基本立场。

佛教是宗教,它和一切宗教一样,最终要引导人们走向一种精神解脱的世界去。为此,必须从各个方面把现实世界说得一无是处,无可留恋,全属虚幻,这样才可以引导人们走向解脱的大门。《大智度论》从各个方面论证世界为虚幻。提出凡所说,皆是可破。"语言度人,皆是有为虚诳法"(《大智度论》卷三一)。除非不说,一说即有可破,"若有所说,皆是可破,可破故空"。

大乘中观学派不仅"破斥"世界有所谓物的实体,他们对逻辑思维、判断、推理的形式也一概"破斥",指为不真实。世间无常,一切诸法没有停止不动的时候,它随时变幻,令人无从把握。名言、概念则是凝固不变的。凝固不变的概念不可能反映变化不住的世间法。因此他们断定名言皆属虚妄。逻辑概念要求不矛盾,"生"不是"灭","常"不是"断",而事物非生即灭,非断即常。这种逻辑推理形式也遭到中观学派的反对。他们用印度古代的逻辑形式来证明逻辑推理的不可靠,如"声常住论"者认为声是实体,常住不变,他们论证的方式是:

声是常(宗)
无身故(因)
如虚空(喻)[1]

虚空无身(形体),所以是常。不同的学派可以用同样的方式论证"声是无常":

声是无常(宗)
作法故(因)
如瓶(喻)[2]

---

[1] 见提婆的《百字论(释)》,元魏菩提留支译。
[2] 见提婆的《百字论(释)》,元魏菩提留支译。

这样,声既可说是"常",又可说是"无常"。上述两种论证,逻辑形式完整、表达正确。由此他们得出结论,断言认识为不可能。形式逻辑的立足点是同一律和排中律,甲是甲,不能同时是非甲。在一定范围内,它是一种正确的认识工具,但它有缺陷和不完善的地方。因为世界是复杂的又是变化的,人类认识既是有限的又是无限的。中观学派指出形式逻辑的不足,这是人类认识深化的表现。必须指出,中观学派反驳形式逻辑的不足,用的还是形式逻辑的方法,并没有站在辩证法的高度对待形式逻辑。中观学派只看到矛盾的对立,没有看到它的统一,不是在矛盾对立统一的规律指导下去评论形式逻辑,它没有从形式逻辑的局限中有所前进,而得出既然有矛盾,一定不真实,推出认识为不可能的错误结论。这种错误结论,不能仅归结为思想方法上的原因,而是受了宗教唯心主义世界观的蒙蔽。佛教大小乘一致努力否认现实世界的真实性。佛教从创立之日起,就从各个不同角度论证世界为虚幻。从小乘发展到大乘,出现了许多经典和流派,它们都论证世界是不真实的。

从认识能力说,中观学派认为世界的不可认识,是由于认识者的主观立场决定的:

> 种种取相,皆为虚妄,如颇梨珠随前色变,自无定色。诸法亦如是,无有定相,随心为异,若常、无常等相。如以嗔心,见此人为弊;若嗔心休息,

淫欲心生，见此人还复为好。若以怜慢心生，见此人以为卑贱；闻其有德，还生敬心。如是等有理而憎爱，无理而憎爱，皆是虚妄忆想。若除虚诳相，亦无空相，无相相，无作相，无所破故。(《大智度论》卷四三)

这是说世界上的美好、丑恶、高贵、卑下、爱与憎都不是固定不变的，无不随认识者的主观认识而定。同一个人，思想认识有前后变化，不同的人，观点有差异。这个因素都可使人对同一对象得出不同的印象。假定世界是客观存在，应当有共同的印象，共同的结论。如果人果真有认识能力，人的认识不应前后有差异。于是得出结论为认识不可能。

从认识工具说，中观学派彻底否定了世俗语言、文字的表达能力，认为世俗的语言、文字、概念、判断及推理，都是"戏论"[1]。只有按照佛教大乘宗教世界观去认识世界，才能得到正确的认识。在大乘佛教世界观指导下，语言、文字仍不失为走上解脱的必要工具。

是般若波罗蜜因语言文字章句可得其义，是故佛以般若经卷殷勤嘱累……若失语言，则义不可得。

---

[1] "戏论"，佛教术语，违背佛教教义的判断、推理，都虚妄不实，称为戏论。

(《大智度论》卷七九)

通过般若智慧才能得知佛教最高的道理（义）。语言、文字来自世俗社会，是人类长期积累、交流思想的工具，为了引导人达到佛教宣传的最高真理，不能不用它，但仅仅是工具。

> 语以得义，义非语也。如人以指指月，以示惑者，惑者视指而不视月……此亦如是。语为义指，语非义也。（《大智度论》卷七九）

中观学派第一步否定语言、文字可以给人以真正的知识，这一步骤是对世俗人讲的。否定世俗见解之后，接受佛教般若观点，从佛教世界观出发，语言、文字仍然可以使用。中观学派认为这种认识不同于世俗认识，它不同于俗人的"识"，它是"慧""智慧"。

> 具足佛道因缘已，用一念相应慧得一切种智，尔时一切烦恼习永尽，以不生故。（《大智度论》卷八十五）

这种智慧，也叫作"无生法忍"或"无生忍"。得到这种智慧，观一切法"毕竟空"。

人类正常的认识，即佛教所驳斥的世俗见解，来自社会实践。认识的对象为自然、社会及思维规律等，这些对象都是客观存在的。佛教为了引导人们厌离现实世界，把现实世界的一切存在都给否定掉了，说现实世界的物质生活和精神生活虚幻不真实，是人心的产物。他们破斥了第一层偏见（世俗见解）。光破了世俗见解还不够，中观学派认为还要进一步破除第二层偏见，对"无生法忍"也不能认作实体，它也是空而不实的。"圣人所得法……是虽名实，皆从因缘和合生故，先无今有，今有后无，故不可受，不可著，故亦空非实。"（《大智度论》卷三一）

从认识对象说，中观学派把另一个精神世界称为实相。达到这种独立存在的客观真理，是佛教认识论力求完成的最高任务。"涅槃"是佛教各宗派都承认并追求的一种无烦恼的寂灭状态，是佛教宗教实践的最终目的。早期佛教小乘各派以"四谛""十二因缘"的实相；以灰身灭智为"涅槃"。大乘佛教反对小乘佛教的这种主张，从大乘空宗起，提出以"法性"为"诸法实相"。就这个意义上说，法性、法相、实际、真际，有同样的含义，指佛教智慧（般若）所能达到的绝对真理，即"实"或"真"的最后极限。

实际者，以法性为实，证故为际。（《大智度论》卷三二）

法性名为实，入处名为际。（《大智度论》卷三二）

此处的"证"指神秘的体认,"入"即悟知,"证"或"入"都指主体与客体相契合的一种状态。他们把世俗常识中的现象界看作假有,相信在现象世界之外,确有一个称为"实相"的客体,这种客体只有靠佛教的特殊感知能力(智慧)才能证入。这样的智慧,一般称为"一切智"。在世俗世界之外还有一个真实的世界,在世俗认识能力之外,还有一种神秘直观的认识。如:

> 一切诸法(实相),不可说相,唯智者能知。(《华手经·法门品》)

这种实相,离诸语言文字,超越思维活动。他们认为:

> 一切法实性,皆过心、心数法,出名字语言道。(《大智度论》卷一○○)

> 法名无思无虑,无相无作,无忆无念,净妙无缘,无有文字,亦无言说,不可显示。(《华手经·法门品》)

> 诸法实相,常住不动。众生以无明等诸烦恼故,于实相中转异邪曲。诸佛……破无明等诸烦恼,令众生还得实性,如本不异,是名为"如"。实性与无明合,故变异,则不清净,若除却无明等,得其真

性，是名法性清净……(《大智度论》卷三二)

从以上这些文句看，中观学派承认有一个客观存在的精神性的永恒存在的实体。如果联系中观学派的整个体系及思维方式考察，就会发现他们并未真正肯定有这样一种精神实体：

诸法不会诸根，不可以智知，不可以无智知，非可知，非不可知。(《华手经·法门品》)

佛教各流派所描述的彼岸世界不尽相同，拟定的到达彼岸的途径也各不相同。般若学派属于佛教大乘空宗，它全力反驳佛教小乘有部，反复强调"色即是空，空即是色"的宗教世界观，以"空"破"有"。中观学派为了把这一"空"的原则贯彻到底，最后不得不把彼岸世界的最高境界(如涅槃)也说成为"空"。

这种最高精神境界，不具有现实世界的一切性质，因为世俗的名词、概念只能用来描述世俗的事物，对于超世俗的另一种境界(涅槃)，世俗的名言对它无能为力。对它作任何肯定的描述只能增加误解，把认识引向歧途。但否定词如"非×"，又不能用作描述对象的手段。否定词或肯定词都不能用作描述最高真理的手段。既然两者都不能用，"既肯定义否定"用"非可知非不可知"还是不能用来描述。因为，如果这样，有可能把"非可知非不可知"当成某种实体来对待。这就破坏了中观学派"一空到底"的宗教哲学体系。于是对实相做任何肯定或否定的描述,都将陷于"戏论"。

中观学派总算把大乘空宗的观点贯彻到底了,忠实介绍中观学说的鸠摩罗什,对"涅槃"是否为实体,持怀疑立场,得出"实相不可知""涅槃不可得"的结论,"涅槃者,但有名字,犹如虚空,但有名字,不可得取"(《思益梵天所问经·分别品》)。鸠摩罗什一生对小乘涅槃说尽力攻击,对大乘涅槃经类也不感兴趣。他的弟子中,如道生的"佛无净土"论,僧肇的"涅槃无名"论,提出了许多新见解,都不难在鸠摩罗什所介绍的大乘中观学说中找到启发的线索。

佛教既然号召人们出家,教人追求一种彼岸世界,而这个彼岸世界又被说成不可知、不真实。事实上要导致出家无意义,无必要,实相既不可知,涅槃也就不可能。鸠摩罗什倡导的中观学说,在反对小乘佛教、反对唯物主义方面做了最大的努力;在理论上,特别在评价人类认识主观能力方面,提供了可贵的借鉴。同时,也应指出,这种学说给佛教带来了一定的信仰危机。

中观学派对中国的佛教理论界起过诱导作用,对中国佛教的宗教实践起过消极作用。所以这种学说寿命不长,在当时敌不过庐山慧远僧团的势力,对后来影响也不及南北朝时期的地论、摄论深远。

慧远的佛教思想体系

任继愈谈魏晋南北朝的佛教经学

慧远的佛教思想体系

儒教为入世哲学,它为中国封建社会的政治学说、伦理学说提供了理论基础。佛教的原始教义与儒教的基本思想不能相容。儒教在中国封建文化中占据极重要的地位。能否适应儒教,是关系到佛教能否在中国站得住,也可以说,是关系到佛教的生死存亡的大问题。从《牟子理惑论》即开始做这种努力,到慧远,这种结合更加成熟。这是慧远在中国佛教史享有极高声誉的主要原因。

慧远[1](334—416)"内通佛理,外善群书",他接受佛教思想不专一家。早期从道安受般若学,曾参与破心无宗的辩论,当时仍为玄学化的僧人。定居庐山后,曾钻研毗昙学,后数与鸠摩罗什往返讨论,有可能接受关河三论的影响,又接受佛驮跋陀罗的禅法、宣扬戒学,并信阿弥陀西方净土学说。他的治学范围相当广泛,吸收各方面的思想,逐步形成自己的佛教思想体系。

---

[1]《高僧传·慧远传》,《出三藏记集·慧远传》卷一五,《世说新语·文学篇》注引张野《远法师铭》,《广弘明集》卷二三谢灵运《庐山远法师诔》。

一　沙门不敬王者，调和佛教礼法与封建礼法

晋成康之世（326—344），庾冰辅政，曾下令沙门致敬王者，遭到尚书令何充等人的反对，未能实行。东晋末年，桓玄在谋划篡晋之际，又提出沙门应致敬王者的问题。慧远为此提出反对意见，写了《沙门不敬王者论》。敬礼王者的辩论，涉及封建专制国家是否需要统一名教礼制、佛教对于封建专制的王权统治持什么态度的问题。

庾冰提出，"因父子之敬，建君臣之序"，是"为治之纲"，而佛教"易礼典，弃名教"，致使"卑尊不陈，王教不一"（《代晋成帝沙门应尽敬诏》，《弘明集》卷一二）。桓玄对庾冰的意见做了补充：

> 《老子》同王侯于三大，原其所重，皆在于资生通运，岂独以圣人在位而比称二仪哉？将以天地之大德曰生，通生理物，存乎王者……沙门之所以生生资存，亦日用于理命，岂有受其德而遗其礼，沾其惠而废其敬哉？（桓玄《与八座论沙门敬事书》，《弘明集》卷一二）

王者的地位与天地同尊，老子说"道大、天大、地大、王亦大"(《老子》二十五章)，人民（包括沙门在内）靠天、地与王的覆育保护，人类才得以生存。人人对王应当致敬，实属天经地义。沙门也蒙受了王的恩惠，也应当敬礼王者。

有些佛教的拥护者，为了替佛教争地位，提出沙门不应敬礼王者，何充的理由是，佛教教义有助于王化，起"上俾皇极"的社会作用（《沙门不应尽敬表》，《弘明集》卷一二）。同时代的王谧也提出了类似为佛教辩护的观点。

> 寻大法宣流，为日谅久，年逾四百，历代有三（按：指汉、魏、晋），虽风移政易，而弘之不异，岂不以独绝之化，有日用于陶渐；清约之风，无害于隆平者乎？（《答桓太尉书》，《弘明集》卷一二）

慧远在《答桓太尉书》和《沙门不敬王者论》中，总结了上述意见，还在理论上有所发挥，除了肯定了佛教的社会职能、政治职能外，还把佛教的义理同维护名教的封建传统理论结合起来，把佛教的适应世俗要求与出世的追求区别开来，把佛教教义、僧众的制度与封建礼教相协调。

> 佛经所明凡有二科：一者处俗弘教，二者出家修道。处俗则奉上之礼，尊亲之敬、忠孝之义表于

经文。在三之训，彰于圣典，斯与王制同命有若符契。此一条全是檀越所明，理不容异也。出家则是方外之宾，迹绝于物。其为教也，达患累缘于有身，不存身以息患；知生生由于禀化，不顺化以求宗。求宗不由顺化，故不重运通之资；息患不由于存身，故不贵厚生之益。此理之与世乖，道之与俗反者也。（《答桓太尉书》）

慧远巧妙地把在家与出家分开，把世俗与出世分开。奉上之礼、尊亲之敬、忠孝之义，都是在家人遵守的原则，并认为见于佛教经文，其实，佛教经文中很少提倡这些忠孝道理[1]。慧远肯定了桓玄的一部分观点，在家的佛教徒也应尽忠尽孝。佛教教义与封建伦理关系不矛盾，完全一致。但是佛教僧人已经出家，就与在家信徒不同。

佛教僧侣以"身"为"苦"本，身是一切患累的总根源。存身不能息患，不能把存身当作息患的条件。人之有身在于有生，僧侣并不认为得到了生命便感恩戴德，因而不用去报答君亲父母的养育之恩。他认为：

凡在出家，皆隐居以求其志，变俗以达其道。

---

[1] 康僧会编译的《六度集经》提倡"君仁臣忠、父义子孝"，《维摩诘经》有"若在王子，王子中尊，示以忠孝"。佛教很少讲忠孝。

变俗、服章不得与世典同礼,隐居,则宜高尚其迹。
(《答桓太尉书》,《弘明集》卷一二)

慧远还进一步发挥出家在家之间的协调关系。表面上看,沙门不礼君亲,"内乖天属之情""外阙奉主之荣",但本质上却不违其孝,"不失其敬"。统治者在礼仪形式上向沙门让步,这可以抬高僧众的社会地位,他们的地位提高了,可以更深刻地影响群众,更有利于维护封建社会的利益。

如令一夫全德,则道洽六亲,泽流天下,虽不处王侯之位,固已协契皇极,大庇生民矣。(《答桓太尉书》,《弘明集》卷一二)

佛教对统治阶级来说,不再是可有可无的文化点缀品,而是统治的重要手段。佛教也不再是私人的事,而是皇权国家的事业。魏晋玄学开始争论名教与自然的关系,这是当时最重大的问题。同样性质的问题,表现在佛教僧侣地主阶级,则是佛教与名教的关系。慧远与儒家的立场基本一致。可以说,从慧远开始,结束了从东汉以来佛教教义与老庄相结合的历史,转向了主要同儒教紧密结合。儒教的许多基本思想,逐渐组织到佛教教义之中,这是慧远在中国佛教史上享有很高声誉的重要原因。

慧远把儒家的"礼"的观念引进了佛教。重要著作有

《释袒服论》：

> 或问曰，沙门袒服，出自佛教，是礼与？答曰，然。(《弘明集》卷五)

佛徒袒露右臂，与印度天气炎热有关，至今印度次大陆的妇女服装仍袒右臂。慧远却说袒服乃天竺的"国法"，礼制的规定，是"尽敬于所尊，表诚于神明"的表示。把风俗习惯赋予伦理的意义。慧远以前的中国佛教著作中，如《四十二章经》等，把僧众的剃发、别妻子、离家室，当作与世俗人生彻底决裂的表示，而对僧侣的服饰却没有什么规定，后来译出了多种戒本，对僧尼的言行、服饰有了若干规定，都是为了便于修行生活，防止邪淫，防止散漫习惯，都不曾把袒服纳入佛教的礼制。慧远说：

> 礼存则制教之旨可寻，迹废则遂志之欢莫由。何以明其然？夫沙门服章法用，虽非六代之典，自是道家之殊制，俗表之名器。名器相涉，则事乖其本；事乖其本，则礼失其用……礼存则法可弘，法可弘则道可寻。此古今所同，不易之大法也。(《答桓玄书沙门不应敬王者书》，《弘明集》卷一二)

把生活习惯说成佛教的典章制度，这种解释，完全是从中国封建法制度的观点来看佛教的。慧远还进一步发挥了为什么右袒而不左袒的理由。

> 佛出于世，因而为教，明所不左，故应右袒。何者？将辨贵贱，必存乎位，位以进德，则尚贤之心生。是故沙门越名分以背时，不退已而求先。又人之所能，皆在于右，若动不以顺，则触事生累……是故世尊以袒服笃其诚而闲其邪，使名实有当，敬慢不杂，然后开出要之路，导真性于久违。（《释袒服论》，《弘明集》卷五）

袒服不是佛的创造发明，只是古印度的生活习惯，慧远用儒家的礼教来给予特殊解释，把儒教"别贵贱，序尊卑"的精神，改成"别内外，序僧俗"，力图把佛教的服饰说成儒家的名教，或者说，用儒家的名教创建佛教的"名教"。慧远进一步说明佛、儒不二的观点。

> 道法之与名教，如来之与尧孔，发致虽殊，潜相影响。出处诚异，终期则同……理或有先合而后乖，有先乖而后合……若令先合而后乖，则释迦之与尧孔，发致不殊，断可知矣。

他宣称"内外之道可合"，"出处诚异，终期则同"。这种观点已被中国广大佛教徒所接受，并奉为原则，所谓"三教同源""殊途同归"，都可以上溯到慧远。慧远是佛教礼制论的创始人，认为儒家思想佛教中早已有了，佛高于儒。表面上，为佛教争地位，抬高佛教，实际上，把儒教的要求加到佛教中去，使佛教积极完成世俗地主阶级的政治要求，尘世味更重。

二 慧远的形尽神不灭论

形神关系问题,是哲学史上一向被重视的问题,汉代从桓谭、王充开始正式提出神随形的生灭而生灭,无形即无神,形尽神灭的唯物主义的形神观,这个问题经历了魏晋南北朝几百年的不断讨论,认识逐渐深化。在长期讨论中,慧远对这个问题发表过不少重点言论,并对后来的形神关系的讨论起过较大的影响。

"形尽神不灭"的观点,是慧远全部宗教观念的奠基石,他对"神"的理解是:

> 盖神者,可以感涉而不可以迹求,必感之有物,则幽路咫尺;苟求之无主,则渺茫何津?(《高僧传·慧远传》)

神虽无迹可寻,但有感物的能力,证明它是存在的。假若没有一个精神主宰者,人们怎能达到西方净土世界?只要承认有一个彼岸世界可资追求,那就必须首先承认有一个追求它的永恒主体,神的存在。从精神解脱的要求看,需要有一个"神"作为主体,再从佛教轮回的教义看,也需要有一个被轮回的主体，才可以使"三世"说取得群众的信任。慧远在《法性论》[1]中说"至极以不变为性，得性以体极为宗"，这是说精神的本体是不变的，人们要达到这种精神境界，必须超出世俗的见解和脱离世俗生活，在精神上与至高无上的本体相契合（得性以体极为宗）。这个观点，在他的《沙门不敬王者论》中有更具体的阐述。

神也者，圆应无生，妙尽无名，感物而动，假数而行。感物而非物，故物化而不灭；假数而非数，故数尽而不穷……则知化以情感，神以化传。情为化之母，神为情之根。情有会物之道，神有冥移之功。但悟彻者反本，惑理者逐物耳。

慧远讲的"神"不是世俗所谓鬼神，而是作育化万物、推动变化的第一性的存在。它不同于具体的物质性的东西，而是物质性的东西赖以存在的根据（母），慧远的"神"相当于玄学所谓"体""无"，才可以"感物而动，假数而行"。形有生灭，神无生灭。慧远的本体论直接继承道安"以无为体"的"本无"学说。

慧远把魏晋玄学本无的命题扩充到佛教宗教哲学，构造

---

[1]《法性论》已佚，《高僧传》中保存了部分引文。

了他的"形尽神不尽"说。他在《沙门不敬王者论》的最后一部分，充分阐述了这个观点：

> 夫神者何耶？精极而为灵者也。精极则非卦象之所图，故圣人以妙物而为言。

神没有确定的形体，没有不变的名称，更非感官所能直接感知。但它有周遍感应一切的能力，它又是普遍永恒的存在。慧远从宗教立场对人生本源做了解释：

> 有情则可以物感，有识则可以数求。数有精粗，故其性各异；智有明暗，故其照不同。(《沙门不敬王者论》)

"情"在中国哲学史上有多种含义，这里用的"情"指情欲，又称为"贪爱"。"识"指认识活动，佛教认为普通人的认识活动是"无明"的表现，神若被"贪爱""无明"所染，必然受形体、寿命的限制。中国古代唯物主义者解释人何以有智愚的差别，在于所禀受于自然的"元气"有清浊、有厚薄。慧远继承了这一观点，只是认为人的智愚差别不是由于"元气"的禀赋不同，而是由于神所受的物质世界的干扰影响的程度造成的：

> 夫因缘之所感,变化之所生,岂不由其道哉?
> 无明为惑网之渊,贪爱为众累之府。二理俱游,冥
> 为神用。吉凶悔吝,唯此之动。无明掩其照,故情
> 想凝滞于外物;贪爱流其性,故四大结而成形。形
> 结则彼我有封,情滞则善恶有主。有封于彼我,则
> 私其身而身不忘;有主于善恶,则恋其生而生不绝。
> (《弘明集》卷五)

慧远按照佛教传统说法,众生有贪爱、无明的本性,从受胎之始就陷入了无边无尽的苦恼的深渊。由此陷入无尽的因果报应的轮回之中。

因果报应起于古印度,佛教继承了这种传统观点,给予佛教的解释。佛教反对灵魂不灭;中国本来没有因果报应的信仰传统,中国的善有善报、恶有恶报,不是承认本人的灵魂受报,而是报及子孙,家族后代受其报应。慧远的报应论不同于印度佛教的传统观念,也不同于中国传统的报应观念。

印度佛教用一系列因果锁链,将佛教的"无我"论同报应论调和起来。慧远把印度的十二缘生的轮回说作了大幅度的简化,只采取其中的"无明"与"爱"两个环节,与中国的概念"情"与"识"相结合,以此作为促成轮回的根本原因。"情""识"的骚扰,使"神"受到"形"的桎梏。轮回过程中,"神"可以感有三界、五道无数的形体,成为业报的主体,但"神"自身是不变的,是为"形尽神不灭"。他曾利用东汉

桓谭以烛火喻形尽神灭的缺陷，用同样的比喻来宣扬神不灭的主张：

> 火之传于薪，犹神之传于形；火之传异薪，犹神之传异形。前薪非后薪，则知指穷之术妙，前形非后形，则悟情数之感深，惑者见形，朽于一生，便以谓神、情俱丧，犹睹火穷于一木，谓终期都尽耳。（《弘明集》卷五）

慧远的这种解释，与外来的十二因缘的无我哲理发生了矛盾。即使在汉译经文中有不少神识之词，与慧远的"神"不同，印度佛教传统观念所谓"神识"或"中阴"或"补特伽罗"，诚然可以作为因果连续的中间环节或承担者来理解，但他们都认为情识只在三界、五道中轮回，情识不能作为出世的主体。情识这种神不能解脱出世。慧远则认为情识是对"神"的污染，变化是"神"的沦落。"神"是始终不变的，因而"神"承担了转向彼岸世界的任务。"化"与"不变"是慧远用以区分人生与无生、世间与泥洹的一对主要概念。"顺化"是世俗的事，包括三界、五道的轮回中的一切精灵。"不顺化"才是到达成佛之路。他在《法性论》中说：

> 至极以不变为性，得性以体极为宗。（《高僧传》卷六）

以不变的涅槃为追求目标，要超然于变化的世俗世界。这个不变的涅槃也就是"神"，摆脱形对神的限制。这个观点，对后来隋唐时期中国佛教讲的"不变"与"随缘"、出世间与世间的关系学说发生过影响。这种观点，与慧远关于佛教的法性问题的论述和他的神不灭论、法身观一样，也带有鲜明的魏晋玄学烙印。

在现实世界的背后，探究其不变的实体，在生灭变化的世界上，探求其所以生灭变化的根源。这是魏晋玄学关心的核心问题。慧远的佛教神学是接着玄学讲的，他直接从道安那里承接了"本无"理论，并用这个体系来理解大乘佛教般若学的教义，当佛教理论尚未全部系统地介绍到汉地时，道安、慧远那一辈学者所做出的对佛教教义的阐述，很容易被群众所接受。

晋以后，大乘空宗的经典不断大量介绍进来，除了《般若经》以外，还有许多阐明空宗的大乘论，如《大智度论》《中论》《百论》《十二门论》，再用玄学眼光看待、理解印度大乘中观学派，就遇到了新的困难。这也是慧远与鸠摩罗什往复问难，未能取得一致意见的原因。两家的分歧，在"实相"的看法上，表现得尤为明显。

慧远向鸠摩罗什提出"法性""如""真际"这三个概念的关系如何严格区别，鸠摩罗什回答说，诸法相随时为名。

> 若如实得诸法性、相者，一切义论所不能破，名为"如"。如其法相，非心力所作也。(《次问如、法性、真际并答》)

"如"即如实而知；佛教大乘空宗认为世界不真实，又不是不存在，对这种情状不能用任何肯定的语言来描述，只能用"如"来表示。佛教防止有人把"如"看作一个东西，有时称为"如如"，意思是说，连"如"也不过是"如"。如果严格按照他们的表达方式和思维方式，"如如"也还不够确切，应该是"如如如……"，无限的"如"才可以。

> 诸相"如"相，性自尔故，如地坚性、水湿性……如是诸法性，性自尔，是名法性。(《次问如、法性、真际并答》)

"法性"，即事物的本质属性，是"如"借以体现的根据。不过鸠摩罗什这里举的例子，是事物的特殊性，在佛教实践中，"法性"主要指事物的共同本质。

> 入如法性也，更不求胜事，尔时心定，尽其边极，是名真际。(《次问如、法性、真际并答》)

认识所能达到的最终真理名为"真际"。这三个名称，有

它的次序:

> 初为"如",中为"法性",后为"真际"。(《次问如、法性、真际并答》)

慧远与鸠摩罗什从根本上就存在着分歧。世界现实是"如",不过是假有,这一点,慧远就不能接受,慧远承认世界常幻、不常住,但不像大乘中观学派那样,否定得那样彻底。由于出发点不同,引出一系列的疑问。慧远问:"经说法性,则云有佛无佛,性住如故。"法性常住,它是有还是无?如果说"不有不无",它不同于有无的地方是什么?意思是问,客观上有没有一个常住不变的"法性"。关于这一点,鸠摩罗什明确回答:

> 所谓断一切言语道,灭一切心行,名为诸法实相。

诸法实相不过是个假名,它是对"如"的方便表达的符号,它并无真正存在的实体,不能按照世俗的理解当成一物;它不同于一物,既非有,也非无。但是,说它"异于有无"也是错的。

慧远从玄学本体论的观点,关注的是"绝对实体",他在《法性论》中,强调至极不变的实体的重要性,认为"法性是法真性"。对印度鸠摩罗什介绍来的空宗理论,在当时中国人眼里算是最新的理论。对这种新理论,慧远是认真对待的,也尽力去理解、宣传它。慧远通读了鸠摩罗什新译的《大智度论》一百卷,并做了笔记,抄集为二十卷,又作了序。慧远介绍《大智度论》说:

> 其为要也,发轸中衢,启惑智门,以无当为实,无照为宗。无当,则神凝于所趣;无照,则智寂于所行。寂以行智,则群邪革虑,是非息焉;神以凝趣,则二谛同轨,玄辙一焉。(《大智度论抄序》,《出三藏记集》卷十)

《大智度论》从中道出发,没有确定实在的对象,也没有主观意识的认识活动。可以泯除一切虚妄分别,不正当的观念、思维可以熄灭。慧远所理解的《大智度论》的要点,有的地方说对了,比如要求"无当""无照",破除世界俗见,对一切事物都不能当作真实存在去了解,这符合般若性空的思想。慧远按照他自己的理论体系,把"神"与"智"融合在一起,用他的神不灭思想去改造佛教的般若空宗,"神"被当作般若认识的主体,这就与《大智度论》的宗旨不合。

慧远接着讲:

> 生涂兆于无始之境,变化构于倚伏之场,咸生

于未有而有,灭于既有而无。推而尽之,则知有无回谢于一法,相待而非原;生灭两行于一化,映空而无主。于是乃即之以成观,反鉴以求宗。鉴明则尘累不止而仪像可睹(指俗谛),观深则悟彻入微,而名实俱玄(指真谛)。将寻其要,必先于此,然后非有非无之谈,方可得而言。(《大智度论抄序》,《出三藏记集》卷十)

谈有谈无,都不是穷究底蕴之言,更本源的存在超于有无之外,它非有非无。这种观点,不是《大智度论》的原意。世界不是有,不是无,也不是非有非无。鸠摩罗什代表的大乘空宗,主张"当体空",即法体性空,或曰"法空"。慧远力图接近鸠摩罗什介绍来的新学说,但始终没有理解"法空"的意义,他把"有无回谢"看作"一法"的不同表现,把"生灭两行"当作"一化"的具体体现。生灭、有无成了"空"的表现形式,而"法"与"化"成了高一层次的实体。

慧远在《大智论抄序》中,在世俗见解的有无之上,提出了更高一层次的"有",把"有"看作最后的实体,即他的"法性"。

有而在有者,有于有者也;无而在无者,无于无者也。有有则非有,无无则非无。何以知其然?无性之性谓之法性,法性无性,因缘以之生。生缘无自相,虽有而常无；常无非绝有，犹火传而不息。夫然，则法无异趣，始末沦虚，毕竟同争，有无交归矣。

慧远驳斥了世俗的有、无见解，认为那都是虚妄的。世俗分别有、无，都属于缘生法的范围。缘生法无自性，可称之为"无性之性""法性无性"。至此为止，慧远解释的《大智度论》是正确的。接下去，慧远又回到他自己的本无宗哲学体系，主张在变幻不实的世界之外，还有一个真实的世界，"常无"的境界。他仍用薪火之喻来说明他的观点，"薪"则生灭无常，"火"则永存不息。"薪"，有无不实，"火"则属非有非无的无性之性。慧远通读了《大智度论》更加深了他的神不灭思想。

慧远与鸠摩罗什的理论分歧，说明中国哲学发展有它的内在原因，有它的源远流长的传统。慧远从传统文化的角度去考察外来思想，慧远直接继承魏晋玄学本体论，在此基础上来迎接外来的中观学派，使他不同于印度中观学派那种怀疑一切、否定一切的虚无教义。也还要看到，魏晋玄学并不是出世主义，它对中国传统封建宗法制度、对忠孝等封建伦理观念是支持的。慧远身份是和尚，但他对封建宗法制度完全拥护，出家人对封建礼法丧服关心研究，这也是他不同于印度僧人的地方。

三　慧远僧团与鸠摩罗什僧团争辩的重大问题

东晋与北方各国持续对峙，南北僧人集团形成了两大中心。一个在长安，以鸠摩罗什为首，宣传般若大乘空宗的理论；一个在江南，以庐山慧远为首。南方首都建康（今江苏南京）也是一个中心，但影响不及庐山慧远。

南北两大领袖人物互相尊重，互相誉扬。慧远曾向鸠摩罗什提出许多问题，鸠摩罗什也一一答复。来往书信问答保存在《大乘大义章》中。归纳起来，即"法身"问题与"法性"问题。

关于"法身"问题，两晋时期中国佛教界尚未形成一统的看法，大致有三种见解：

> 一谓法身实相，无来无去，与泥洹同像；二谓法身同化，无四大五根，如水月镜像之类；三谓法性生身是真法身，能久住于世，犹如日现。此三各异，统以一名，故总谓法身。(《大乘大义章》)

慧远很不理解所谓"法性生身"即真法身。鸠摩罗什回答说，小乘部中没有"法身"这个概念，因为小乘佛教以释迦牟尼创建的佛理和遗留的佛典当作"法身"，"天竺诸国皆云虽无佛生身，法身犹存"。"法身"，就是指佛的生身虽死，他的精神常在的意思。大乘佛教为适应信仰者的需要，增加"随俗分别"，认为：

> 菩萨得无生法忍（即得诸法实相），舍肉身（即生死身），次受后身，名为法身。所以者何？体无生忍力，无诸烦恼，示不取二乘证（指不中道涅槃），又未成佛，于其中间所受之身，名为法性生身。（《鸠摩罗什法师大义》卷上）

照佛教的说法，菩萨修行到七地（大乘菩萨修习划分为十个阶段，每一阶段称为一地，到达七地，修行已进入高级阶段），得到"无生法忍"，与法性相契合，无诸烦恼。由于大乘以救度众生为最大心愿，所以不中途泥洹，而愿继续受生，入于生死际，直到成佛。此种境界的特点是"不在涅槃，不在世间"，无定相而能行种种方便。

慧远对这样的"法身"很不理解，他要追问"法身"为什么会生成，它具有什么性质？什么相状？照慧远的思想体系，生而成身，必有使它成身的原因，促使"法身"产生的原因是什么？慧远还认为"生"必有"形"，"法身"借以成形的因素是什么？

对"法身"的理解,慧远与鸠摩罗什有很大的分歧,这不仅由于两人对"法身"的理解有深浅,其中还有更深刻的理论上的原因。鸠摩罗什对慧远提问的细节,都做了答复,但未能解除慧远的疑惑,引起的疑问反而越来越多,如"法身"的相状,"法身"的"三十二相"是如何修得的?"法身"有无身、口、意三业,如有,与世人的业有什么不同,"法身"寿命长短,"法身"有神通,其神通是否凭借"四大""五根"?慧远对"法身"寻根究底的追问,而鸠摩罗什的回答则不肯定也不否定。只答复说:

> 大乘法中,无决定分别是生身,是法身。所以者何?法相毕竟清净故,而随俗分别。
> 法身可以假名说,不可以取相求。

即诸佛所见之佛,"亦从众缘和合而生,虚妄非实,毕竟性空,如同法性"。鸠摩罗什的结论是:"不须戏论有无之实也"。慧远以本无宗的立场观点来看待佛教"法身",以"法身"为本无之体,本无之体是实在的,"法身"也应是实在的。变化多端的世间法是虚幻的。而大乘中观学派,认为一切都是假,佛经关于法身的种种解说也只是假说,本身都是不实在的,如果强生分别,说有说无,都属戏论,不合大乘佛教教义。

慧远还问道,念佛三昧中所现之佛:

> 为是定中之佛,外来之佛?若是定中之佛,则是我想之所立,还出于我了。若是定外之佛,则是梦表之圣人。然则成会之来,不专在内,不得令同于梦,明矣。(《次问念佛三昧并答》)

慧远把定中出现的佛的形象分为两种,一种是内心专想而产生的幻象,一种是外来的"圣人",后一种是真实的,不同于幻象。鸠摩罗什认为区别定中之佛与定外之佛,也是虚妄。从俗谛来说,可以承认虚妄也有作用,它能令众生各得其利,引向信仰的道路。大乘佛教中观学派主张"三界之物,皆从忆想分别而有"。连"佛"的形象也是忆想分别而有。这种种议论,在于使人"心厌三界"从而增信佛教的教义。不可陷于有无真假的追求,流为戏论。

慧远的神不灭论,来自中国的传统的灵魂不灭,把祖先崇拜和天帝的崇拜给以神圣化,把法身作为崇拜的对象,它是人格化的独立实体,慧远无法理解印度大乘中观学派彻底打破一切实体的观点。鸠摩罗什解释"法身"的身字时说:

> 天竺但言歌耶(Kaya),秦言或名为身,或名为众,或名为部,或名法之体相。或以心、心数法名为身……众事和合,不相离故,得名为身……此中真法身者,实法体相也。(《次问真法身寿量并答》)

慧远不了解天竺语"身"的含义,照汉语理解为身体。这两人往复讨论的"法身",实际上指的不是一个东西。鸠摩罗什指的是诸法实相,以性空为法身;慧远把"法身"看作全部佛法,即证得法性的"神"的表现。[1]

中国传统鬼神观念有某些继承关系,《孝经》称:

> 为之宗庙,以鬼享之;春秋祭祀,以时思之。

牟子《理惑论》说:

> 魂神固不灭矣,但身自朽烂耳。

《理惑论》以五谷的根叶喻"身",以五谷的种实喻"魂神",这是以"神"有确定的个性。慧远所谓"神",不同于《理惑论》所讲的"神",它超乎报应以外,不受世俗的干

---

[1] 这种误解还由于中国佛教学者不固守印度传入佛教的一家一派,主张融会各家。比如慧远曾介绍《三法度论》,对此《论》评价甚高,据近人研究《三法度论》为犊子系贤胄部的著作,古印度小乘诸部中,唯有犊子系提倡有"胜义我"(补特伽罗),主张有"我",慧远的神不灭论,也有印度经典作依据,这种观点只不过是早期小乘佛教中的一派。慧远不加分别,当作真经来介绍(见吕澂:《中国佛学源流略讲》,中华书局,1979年版,第四讲)。

扰。慧远所谓"神",有似大乘佛教所讲的"法身",既是永恒不变的本体,又能圆应无方,"洞玄根于法身,归宗一于无相"(《出三藏记集》卷九,载《庐山出修行方便禅经统序》)。与魏晋王弼的"无"、道安的"本无"有直接继承关系。《周易·说卦》说,"神也者,妙万物而为言者也";《周易·系辞上传》说,"夫易,圣人之所以极深而研几也。唯深也,故能通天下之志;唯几也,故能成天下之务;唯神也,故不疾而速,不行而至","不疾而速,不行而至",是支遁曾憧憬过的境界,当年的"心无"义的提倡者竺法汰也曾欣赏这个命题的精神境界。慧远融汇了当时佛教及儒家的有关观点,形成自己的有神论,既可以作涅槃出世的依据,又能解释为世间轮回的主体。他完善了佛教的神学体系,所以慧远在中国佛教史上,受到普遍重视。

慧远的神不灭论,运用到佛教轮回观,他提出了报应论。慧远否认中国儒家传统的报及子孙的说法,而提出一切由行为者自身负责的报应论。

> 心以善恶为形声,报以罪福为影响,本以情感,而应自来,岂有幽司?……然则罪福之应,唯其所感,感之而然,故谓之自然。自然者,即我之影响耳,于夫主宰,复何功哉?(《明报应论》,《弘明集》卷五)

慧远认为决定报应的不是有一个高高在上的天帝，而是由于每一个人自己的行为（行为包括身、口、意三个方面：行动是行为，言论及思想意识活动也是行为）。慧远把赏善罚恶的外因说成是每个人自己行为造成的内因。受报的主体，不再是祖宗与子孙之间的关系，而只限于作者自身，也就是中国流行的"自作自受"。

> 三业殊体，自同有定报。定则时来必受，非祈祷之所移，智力之所免也。(《三报论》,《弘明集》卷五)

把报应法则从"天"和家族中划出来，改为报在自身，这是慧远对中国传统宗教报应论的一大改造。这个改造，非同小可，它对宗教宣传，对缓和社会阶级矛盾大有用处，它从宗教的立场回答了社会上善人不得好结果、坏人反而得到富贵的不公平现象。戴逵予慧远的信中说：

> 弟子常览经典，皆以祸福之来，由于积行，是以自少束脩至于白首，行不负于所知，言不伤于物类。而一生艰楚，荼毒备经，顾景块然，不尽惟己。夫冥理难推，近情易缠，每中宵幽念，悲慨盈怀。始知修短穷达，自有定分，积善积恶之谈，盖是劝教之言耳。(《与远法师书》,《广弘明集》卷一八)

慧远从"形尽神不灭"和业报自受的观点,给戴逵以答复:

> 经说业有三报:一曰现报,二曰生报,三曰后报。现报者,善恶始于此身,即此身受。生报者,来生便受。后报者,或经二生、三生、百生、千生,然后乃受。(《三报论》,《弘明集》卷五)

佛教三报之说,机智地解决了善行不得善报,恶行反而得福的问题。他解说,不能只看这一世的结果,现在未报,以后还有受报的机会。这是佛教教人承认现实,安于现状,不必为自己的命运得不到公平的待遇而不满。这正是维护社会秩序的最好说教。这一命题与儒家的安于贫贱、乐天知命的教导互为表里,有助于王化,是显而易见的。

慧远既然回答世俗见解,也要回答佛教内部对神不灭说的怀疑。疑者认为:

> 夫四大之体,即地、水、火、风耳,结而成身,以为神宅。(《明报应论》,《弘明集》卷五)

人的生命不过是四大所合成,戒杀生,为佛门的五戒之一。身体是虚幻,杀人应当对不灭之神没有伤害,不应受报,为什么佛教不许杀生?

慧远解释说，从佛教的最高原则（慧观）看，人诚然受形于四大，是假于异物而有，"生若遗尘，起灭（生死）一化"。本质上如梦非实。这是一种最高级的佛教认识。

> 若彼我同得，心无两对，游刃则泯一玄观，交兵则莫逆相遇，伤之岂唯无害于神，故亦无生可杀。此则文殊按剑，迹逆而道顺，虽复终日挥戈，措刃无地矣。若然者，方将托鼓舞以尽神，运干戚以成化，虽功被犹无赏，何罪罚之有耶？（《明报应论》，《弘明集》卷五）

照此看来，如果真正达到了大乘性空、假有的认识，那就无害于神，无生可杀，更没有赏罚可说。戒律对于达到最高境界者来说，没有必要。正如对于有高度自觉修养的人，"不偷""不邪淫"的规定都无所谓一样。但是众生品类不齐，不能用最高的标准要求所有的人。对绝大多数人，还不能不讲为善去恶的教义，对他们加以约束。

慧远在《明报应论》和《沙门不敬王者论》都是从宗教立场向社会广大群众说教。就世俗论，天地有最大的功德，有最高的权威。但是还有比帝王的功德、权威更大的佛教，因为

> 天地虽以生生为大，而未能令生者不死；王侯虽以存存为功，而未能令存者无患。

> 天地之道，功尽于运化；帝王之德，理极于顺通。若以对夫独绝之教，不变之宗，固不得同年而语，其优劣亦已明矣。(《沙门不敬王者论》，《弘明集》卷五）

天地能生万物，但不能令生者不死，王侯能造福社会，但不能令群众免于祸患（轮回之苦），这些功绩都无法与佛教相比，佛教的功绩超过天地，超过王侯。

理论上，把佛教抬到极高无上的地位，但在现实生活中，儒家制定的社会秩序仍然是必不可少的。慧远力图把中国固有的宗教伦理观念安放在他的佛教体系之内。形式上占上风，在内容上，却使佛教屈从于中国封建宗法文化传统。僧侣"高尚其事""抗礼万乘"，却无处不是维护儒家的封建宗法制度。慧远在中国佛教史上受到历代僧俗的推崇，根本原因就在这里。他是站在"方外"为"方内"服务最好的一位高僧。

从僧肇到竺道生

任继愈谈魏晋南北朝的佛教经学

僧 肇

鸠摩罗什有四大弟子,世称"什门四哲"。僧肇在四哲中声望仅次于道生,对后世影响极大。僧肇卒于东晋义熙十年(414),相传活了31岁(也有一说为44岁)。据《高僧传》,他是"京兆人,家贫,以佣书为业,遂因缮写,乃历观经史,备尽坟籍,志好玄微,每以《庄》《老》为心要"(《高僧传》卷六)。"后见《维摩经》,欢喜顶受,披寻玩味,乃言'始知所归矣',因此出家。"僧肇的从学经历,反映了在当时学术界一股思潮,东晋时期的知识分子,都是走的从玄学到佛教的道路。时人所说的《庄》《老》,指的是玄学,不完全指庄周、老子的思想,僧肇把《庄》《老》与《维摩经》沟通起来,从而形成自己的理论体系。

僧肇著作多种,以《肇论》最重要。《肇论》主要由四篇论文组成,即《物不迁论》《不真空论》《般若无知论》《涅槃无名论》。此"四论"最早见于南朝刘宋明帝(465年至471年在位)时,陆澄所选《法集》目录。南朝陈时又收入了《宗本义》一篇,合成今本《肇论》。《宗本义》有人疑为伪作,但基本思想与僧肇其他四论并无抵牾。古今学者对《物不迁》《不真空》《般若无知》三篇没有怀疑,对《涅槃无名》或疑非僧肇作品,但理由尚不充分。从总体看,《肇论》思想前后一贯,观点明确,文章风格一致,是一个完整的体系。它发挥般若学说,对他以前及当时佛教界流行的以玄学论佛学的各种观点给以驳斥,争论的中心问题仍是体用关系。僧肇对此做出了总结性的回答,他把佛教神学问题(信仰问题)与认识论问题结合起来,用理论思维方式论证宗教信仰的必然性,他的著作标志着中国佛教神学理论和当时玄学理论的新水平。由于他的哲理性强,文字优美简练,所以流传极广,受到古今学人的重视,有深远的影响。

僧肇学术活动的时期,玄学理论已发展成熟,由王弼的"老学"时代进到郭象的"庄学"时代。他读《老子·德章》,乃叹曰,"美则美矣,然期栖神冥累之方,犹未尽善"(《高僧传》本传)。从"老庄"转为"庄老",是当时玄学发展的一大变化,这对于理解僧肇思想形成过程,颇值得重视。

僧肇的般若学理论,来自鸠摩罗什,自不待言,但《维摩经》对他影响也很大。《肇论》中引用的佛经,除鸠摩罗什的新译经典外,还引用了《道行经》《放光般若经》等。但从根本上讲,他是用《维摩经》去会通其他经论的。《维摩经》被鸠摩罗什重译,足以说明社会对它的重视,对该经,道生有注,鸠摩罗什也有注,僧叡也有义疏(不存),在世俗上层贵族知识分子阶层也有广泛市场。僧肇在《维摩经》的解释中多所发挥。《肇论》中讲得简略的地方,在《维摩经注》中有比较详明的解释。《维摩经注》可以看作《肇论》的补充。

（一）物不迁论

《物不迁论》的宗旨在于为佛教的因果报应宗教信仰寻求理论论证。这里涉及的理论问题，也是当时玄学家所关心的问题。

"物不迁"这个题目即取自《庄子》[1]。郭象对这个意思有过解释：

> 体夫极数之妙心，故能无物而不同。无物而不同，则死生变化，无往而非我矣。故生为我时，死为我顺；时为我聚，顺为我散。散聚虽异，而我皆我之。（《德充符》注）

在死生聚散变化中，有一个永恒不变的"我"在。《庄子·大宗师》也说：

> 夫藏舟于壑，藏山于泽，谓之固矣。然而夜半有力者负之而走，昧者不知也，藏小大有宜，犹有

---

[1]《庄子·德充符》："死生亦大矣，而不得与之变；虽天地覆坠，亦将不与之遗。审乎无假而不与物迁，命物之化而守其宗也。"

所遁。若夫藏天下于天下，而不得所遁……又况万物之所系，而一化之所待乎。[1]

郭象解释说，变化之力，不可抗拒，是不能强使不变的，人只能承认变化、顺应变化，"玄同万物而与化为体"，即可以"独与天地精神往来"。这种基本思想，与僧肇的《物不迁论》有接近处。僧肇也认为不能离开变化的世间法去寻求不变的世界。《物不迁论》所用的例子也多来自《庄子》，如"交臂非故""庄生之所以藏山""有力者负之而趋""吾犹昔人，非昔人也"，都脱胎郭象《庄子注》。但对哲学的基本问题，他与玄学就出现了分歧。

《物不迁论》的目的，论证万物"不迁"，《庄子》的本意是"万物迁流变化"，人不得不随顺此种迁流变化，才可以得到"我"的存在。僧肇在于论证物本来是"不迁"的。不迁是物的本性。世俗人们认为物在"变化"，那是昧者自造的假象。僧肇的唯心主义更彻底了。

《物不迁论》首先破斥"有物流动"的见解：

夫人之所谓动者，以昔物不至今，故曰动而非静；我之所谓静者，亦以昔物不至今，故曰静而

---

[1]《物不迁论》也引用了《庄子》中这个例子。僧肇所受庄学影响显而易见。

非动。

双方都是根据"昔物不至今"这一现象，得出相反的两种结论。原因在于：

> 动而非静，以其不来；静而非动，以其不去。

"不来"，指过去的物已经流逝，所谓"人命速逝，速于川流"，可见事物有变化。"不去"，指"事各住于一性"，始终不变，所以是静止的。僧肇揭示了事物运动的内在矛盾，既是动的，又是静的，他进而批判了"动而非静"的观点：

> 既知往物而不来，而谓今物而可往。往物既不来，今物何所往？

往物只存在于过去，不存在于现在。可见，今物只存在于现在，而不会继续过去，也不会流向将来。

> 何则？求向物于向，于向未尝无；责向物于今，于今未尝有。于今未尝有，以明物不来；于向未尝无，故知物不去。覆而求今，今亦不往。是谓昔物自在昔，不从今以至昔；今物自在今，不从昔以至今。

僧肇看来，世俗人没有认识"昔物不至今"，但昔物在过去时未尝无。昔物不是不存在，只是它"不至今"。过去之物，现在之物，都如此，所以说"各性住于一世"。

《物不迁论》最后归结为：

果不俱因，因因而果。因因而果，因不昔灭；果不俱因，因不来今。不灭不来，则不迁之致明矣。

此中"果不俱因""因不来今"，源于《中论》的观点。《中论》在于论证因中无果，果中无因，因不至果，果不因因，由此提出"因不生果"的"无生"的结论。目的在于发挥他的彻底的一切皆空的世界观。僧肇的《物不迁论》的目的在于得出"因能生果"的结论。他的根据是"因不昔灭"，即所谓业力不失的佛教传统观念。他用《物不迁论》支持佛教的轮回宗教信仰，证明三世因果的必然性和修习成佛的可能性。僧肇曾受过中观学派的洗礼，但他的宗教世界观与中观学派有区别，从而构成他自己的体系。

（二）《不真空论》

《不真空论》是《肇论》的另一篇重要文章，讨论的是世俗认识与般若认识的不同。两种认识，其认识主体及认识对象都不同。世俗认识靠感官与外物的接触，而般若的认识不靠感官而靠智慧体验真如本体。真如本体不是世间的有形的物体。

　　夫至虚无生者，盖是般若玄鉴之妙趣，有物之宗极者也。
　　至人通神心于无穷，穷所不能滞；极耳目于视听，声色所不能制。

至人（佛）的认识不同于凡夫，它超于感官视听之外，不以世间客体为对象，它是般若玄鉴的对象，此对象为本体（宗极）。

东晋时期，佛教般若空宗的学说相当流行。僧肇认为许多宣传般若学说的学派，都没有正确地解决万物与本体（宗极）的关系问题。僧肇认为不应脱离万物的存在去追求超越的本体。

　　寻夫不有不无者，岂谓涤除万物，杜塞视听，寂寥虚豁，然后为真谛者乎？诚以即物顺通，故物莫之逆；即伪即真，故性莫之易。

作为真谛的不有不无，并非要把处于生灭有无中的万物从认识中排除出去，而是承认万物以生灭有无的形式存在，又要进一步指出，认识到这种存在是假的，不是真的。

> 非无物也，物非真物；物非真物，故于何而可物？

"物非真物"，是万物自身所具有的，不是认识者可以任意取舍的。

> 万物果有其所以不有，有其所以不无。有其所以不有，故虽有而非有；有其所以不无，故虽无而非无。虽无而非无，无者不绝虚；虽有而非有，有者非真有。若有不即真，无不夷迹，然则有无称异，其致一也。

僧肇既反对杜塞视听，从感官上驱除外物的方法，又反对用分析破除万物的观念（色）的途径。他用"有不即真"来解释佛教的"二谛"观点：

> 第一真谛，无成无得；世俗谛故，便有成有得。

"成"，指客观世界可以成立，"得"指主观世界可以反映万有。从真谛看，世俗世界、主观客观都不能成立；从俗谛看，则都可以成立。"真谛以名非有，俗谛以明非无。""言有是为假有，以明非无，借无以辨非有"。"真谛"指万物的性空的本质，言伪是指万物多假的存在。透过万物形象认识万物的"性空"，一切存在都是虚假的。这就是二谛的统一，即不真空。

世界万物本来是实在的，客观地摆在人们的面前，它的存在可以通过人类的实践得到证实。僧肇否认外物为实有，从宗教唯心主义世界观，论证其为虚幻。他说：

> 夫有若真有，有自常有，岂待缘而后有哉？……昔有不能自有，待缘而后有者，故知有非真有……夫无则湛然不动，可谓之无。万物若无，则不应起；起则非无，以明缘起，故不无也。

在这里僧肇对"有""无"这一对范畴作了割裂的理解。并进一步解释说：

> 若应有，即是有，不应言无；若应无，即是无，不应言有。

有与无是绝对排斥的，实际上"有"指"存在"，"无"指"非存在"，这是一对很抽象的范畴。"有""无"都以运动变化着的万物为内容，离开了运动、变化去抽象地谈有谈无，有无就无意义，不可理解。僧肇认为"有"必"常有"，"无"

必"湛然不动"。这种观察事物的方式是错误的。佛教小乘有部，以"三世恒有"否认万物的变化，遭到后来的般若学派的破斥，这种破斥是可取的。般若学派（包括鸠摩罗什）驳斥了小乘有部的形而上学观点，却走向了另一个极端：既非"恒有"，必是"假有"。般若中观学派破斥恒有，仍立足于以"真有"为"恒有"。僧肇反对永恒的有和不动的无，在逻辑上同样犯了形而上学的错误。僧肇认为，既然没有常有，也不存在所谓不动的无，所以万物不可说有，亦不可说无，人世间所谓有无，完全不真实。由此引申出名实无当的第二个错误。

> 夫以物物于物，则所物而可物；以物物非物，故虽物而非物。是以物不即名而就实，名不即物而履真。

给物以名称，被叫作物。虽然被命名为物，它并不是物，不能说有了物之名，它就是物了，人们给物以名称，但此物之名并非实，原是非物。

> 夫以名求物，物无当名之实；以物求名，名无得物之功。物无当名之实，非物也；名无得物之功，非名也。是以名不当实，实不当名，名实无当，万物安在？

僧肇运用中国传统哲学上的名实范畴企图证明万物不存在，这里也犯了逻辑上的错误。名实是否相符，能否相符，只能表示名与实的关系如何摆法，即使名实不相符，把"人"叫作"狗"，但不可能得出被叫作"人"或"狗"的客体"不存在"的结论。《不真空论》是一篇比较严谨的论文，博得历代不少佛教学者的称赞，但从"名实"观点论证外物的不真，是一处败笔，不足取。

僧肇还从认识者的立场不同，对世界产生不同的认识，从而得出世界为"不真"的结论：

> 《中观》云，物无彼此，而人以此为此，以彼为彼；彼以此为彼，以彼为此。此彼莫定乎一名，而惑者怀必然之心志。然则彼此初非有，惑者初非无。既悟彼此之非有，有何物而可有哉？故知万物非真，假号久矣。

从用语到论证的方法，显然受《庄子》的影响。庄子认为由于彼此认识的不一致，把相同的东西看作不同，不同的看作相同，因而难以判断谁是谁非。僧肇根据同样的现象，比庄子走得更远。他由难以判断真假，推论出万物不存在。

僧肇为了维护其佛教出世立场，贯彻其宗教唯心主义世界观，在《维摩经注》中对世界的不真，有比较明确的论述，可以帮助说明他对万法之本的看法：

> 若以"心动"为本,则有有相生,理极初动,更无本也;若以"无法"为本,则有因无生,无不因无,故更无本也。无住故想倒,想倒故分别……则万法斯起。(《维摩诘经注·观众生品》)

他把世界的"不真"归结为人的思想颠倒认识所造成。这种解释虽不符合实际,但可言之成理,不失为一种唯心主义观点,与佛教宗教哲学也符合,与"不真空"的理论相一致。尚不失为一种说法。

僧肇对世界的不真,不采取闭上眼睛装作看不见的办法。他提出,如果把虚假的现象当作虚假的现象,说它是"有"也是可以的。如他说"譬如幻化人,非无幻化人;幻化人非真人也"。把幻影作为幻影看,只要不被幻影所蒙蔽,也无妨。他利用名实问题论证万物不真,在逻辑上有错误,他的本意是说,所谓"实"本来就不"真实",用名来表达这种不真的实,毫无意义。但他没有抓着问题的关键,力图论证名实没有关系、事物之间无差别,这只能引向认识的相对主义,而不能达到他预期要证明万物不真的目的。何况"万物不真",只能靠实践来判断,是无法从理论上证实的。

僧肇把一切现象都说成虚幻不实,是他建立佛教宗教世界观的一种手法,他最终目的并非真正教人"空"掉一切。他否认现象界的一切,正是为了引导人们走向一个永恒、不变、圆满、真实的彼岸世界。那个世界是真实的,不是空的。彼岸世界和现实世界完全相反。如果认为僧肇主张一切完全空无,这是不对的,他是中国和尚,与印度的中观学派鸠摩罗什不尽一致。

(三)《般若无知论》

《般若无知论》是配合《物不迁论》和《不真空论》提出的一套比较精致的唯心主义认识论,反复论证人类认识不可能接触到最高真理,力图区别佛教般若[1](圣智)与通常人的认识(惑智)两者有本质的不同,它所讨论的是佛教的特殊认识论。这种认识论从般若经开始提出,后来为一切大乘经论和大乘派别所接受。早期般若学派,着重破除以"五阴"(五蕴)为世界构成说。对于认识能力的进一步分析,成为后来佛教理论界共同感兴趣的题目。《般若无知论》写成后,也曾引起不同的争议。僧肇的佛教理论曾受当时玄学及老庄的思想影响,从论文的题目可以看出庄学的影子。《庄子·人间世》有"闻

---

[1] "般若"(Prajñā)一词,为印度佛教专门名词的音译,中国旧译为"智慧"。世俗人理解的智慧用于分析、认识现实世界,与生活经验相一致,承认主客的存在,承认逻辑思维的作用。佛教的般若不是用来认识现实世界的,它是一种神秘的直观,译作"智慧"容易误解为世俗习用的智慧,不符合佛教的原意,但中国汉语词汇中没有相当于"般若"的词,佛教界一般主张直接标音而不译,著名翻译家玄奘有"五不翻"的原则,"般若"即属不翻之类。

以有知知者矣,未闻以无知知者也"。《般若无知论》也肯定有一种无知之知。

> 夫有知则有所不知。以圣心无知,故无所不知。不知之知,乃曰一切知。故《经》[1]云:圣心无所知,无所不知。

此中的"有所知"简称"知",又称"惑智",是世间俗人的认识。"无知""不知之知"简称"智",又称"圣智",即佛教的般若智慧。知与无知的对立,即世俗人的认识与佛的认识的对立。世俗人的认识,必须通过感官去摄取,其获得的知识只能是片断的、虚幻的。他认为现实世界本身是幻虚不实的,是人们主观意识造成的假象。僧肇看到"知"都是有限的,"有所知则有所不知",这是对的;但他由世俗的认识有局限性推到凡是有局限性的知都不真实,这就错了。由于"有所不知",便断定无法达到真理,把认识的有限与无限割裂开来。这是与事实不符的。因为:

> 人的思维是至上的,同样又是不至上的,它的认识能力是无限的,同样又是有限的。按它的本性、

---

[1] 见《思益梵天所问经》卷一,"以无所得故得,以无所知故知"。

使命、可能和历史的终极目的来说,是至上的和无限的;按它的个别实现和每次的现实来说,又是不至上的和有限的。[1]

僧肇把"有所不知"和"无所不知"对立起来,把认识看成一次完成,而没有反复认识过程,既然"有知"不能一次把握真理,于是宣判"有知"为无效,退回去追求所谓"无知"之知。他论证只有靠"无所知"才能"无所不知"[2]。般若圣智的对象为真谛,或"无相之真谛","圣人以无知之般若,照彼无相之真谛","不得般若,不见真谛"。"无相之真谛"是般若认识的独特对象,是本体,对这种本体,世俗的"知"无法体认。真谛无相可取,故不能为世俗认识所及。

僧肇用"真谛非所知",以证明"真智亦非知",这是《般若无知论》的核心观点。他说:

> 夫知与所知,相与而有,相与而无。相与而无,故物莫之有;相与而有,故物莫之无。

---

[1]《反杜林论》,《马克思恩格斯选集》第3卷,人民出版社,1972年版,126页。

[2] 僧肇这里用的"无所不知",梵文原文为"萨云若",鸠摩罗什译作"一切智""一切种智",认为只有佛那样的认识者才能洞察一切,有了这种智,才能无所不知。

世俗的认识（知）有主体与客体两个对立面，对立面相互依存而存在。至于认识最高真理（本体、真如），那就不具有世俗认识的相对性。般若智慧与世俗的知见根本不同。因为般若不以物质世界为认识的对象，不需要以色为缘而产生：

《放光》云，不缘色生识，是名不见色。又云，五阴清净，故般若清净。

佛教般若之所以能达到"至虚无生"的境界，全在于"五阴"本身是"至虚无生"。此处清净指"性空""无相""真谛"。唯有"惑智"才以"色"（五阴）等为认识对象，被"色"等幻相所左右。如果一定也用主观认识与客观对象来理解般若在佛智认识中的作用，般若只能以"真谛"为对象。但真谛不同于五阴，不是所缘，所以只能说"智（般若）非知"也。僧肇反对把般若的认识降低为世俗的认识。

缘法故非真，非真故非真谛也。故《中观》云，物从因缘有，故不真；不从因缘有，故即真。今真谛曰真，真则非缘。真非缘，故无物从缘生也。

这里引《中论》为经典性依据，因缘所生法都不真实，但僧肇讲的"真则非缘"，是为了证实另有一个"真"体存在而作的发挥。凡"假"都是因缘所生,"真"是绝对的,则不受条件制约。

> 是以真智观真谛,未尝取所知。智不取所知,此智何由知?然智非无知,但真谛非所知,故真智亦非知。

真谛无相,不为俗知所取,不能成为俗知的对象。真谛是不可知的,只能以"无知"去知它。真谛的不可知性,造成了般若的无知性。僧肇还把这一观念进一步强调指出,般若的"无知"并非如草木瓦石的无知无觉,而是比有知有觉的认识主体有着更高明的知觉。"般若无知"只指它无世俗之知。体认真谛要在感觉之知之外,寻求一种另外的"知"。

> 是以般若可虚而照,真谛可亡而知,万动可即而静,圣应可无而为。

僧肇的认识论,不是引导人们走向不可知论,而是引向神秘的直观。"无知"而"无所不知"乃是"圣智"的品格。

> 圣人(佛)虚其心而实其照,终日知而未尝知也。故能默耀韬光,虚心玄鉴,闭智塞聪,而独觉冥冥者矣。

"虚其心而实其照"就是不知之知，不是知外物（闭智塞聪），而是知内心境界（独觉冥冥）。在行为表现上，圣人（佛）与众人不相背离。

> 智虽事外，未始无事；神虽世表，终日域中。

他追求一种"和光尘劳，周施五趣，寂然而往，泊尔而来，恬淡无为而无不为"的境界。这里也可以看出僧肇深受老庄影响，与当时玄学风尚有关。他曾提出"圣智无知而无所不知，无为而无所不为"（《肇论·答刘遗民书》）。

僧肇在佛教史和哲学史上的功绩，在于使般若学脱离了玄学的影响，纳入佛教的范围，从而结束了六家七宗所造成的理论界的纷乱。但僧肇深受鸠摩罗什中观学派的影响，除旧虽有余，建新似不足。东晋末年，社会上理论界逐渐上升的佛性问题，没有引起他的足够注意，而这个问题恰恰是当时门阀士族朝野上下共同关心的问题。这一历史任务不得不由道生来完成。从僧肇到道生，沿着同一条道路继续前进。

竺道生

竺道生[1]原为法汰弟子,与庐山慧远平辈,年岁小于慧远,约生于355年,曾从僧伽提婆学小乘有部,后来到关中,从鸠摩罗什学大乘般若中观学说,于晋义熙五年(409)南返,到建业。宋元嘉十一年(434)卒于庐山。他的学术活动,集中在这二十五年间。他提倡涅槃学,当在自关中返江南以后,法显自印度携归六卷《涅槃》,于义熙十三年十月一日译出,即在道生还建业后之八年。道生立顿悟成佛义,未必与《涅槃经》的译出有关,因为这是当时佛教学术界普遍注意的问题。一阐提成佛义,当在《涅槃经》译出之后。他的学说对后来影响最大的在两方面,一是顿悟说,一是一阐提人得成佛。《高僧传》说:

> 生既潜思日久,彻悟言外。乃喟然叹曰:"夫象以尽意,得意则象忘;言以诠理,入理则言息。自经典东流,译人重阻,多守滞文,鲜见圆义。

---

[1]《高僧传》卷七;释慧琳《竺道生法师诔文》《广弘明集》;及《出三藏记集》《释氏疑年录》卷一;《宋书》卷九七。

若忘筌取鱼，始可与言道矣。"于是校阅真俗，研思因果，乃言《善不受报》《顿悟成佛》，又著《二谛论》《佛性当有论》《法身无色论》《佛无净土论》《应有缘论》等[1]，笼罩旧说，妙有渊旨。而守文之徒，多生嫌疾。与夺之声，纷然竞起。[2]

道生的思想方法，受玄学影响十分明显。"得意忘象"来自玄学，有了这个观点，才可能破除一些旧观念的束缚。当时佛教思想界十分活跃。因为佛教大部分经典已有汉译本，佛教内部大小乘学说，中国都有人信奉，都能找到各自需要的佛典依据。当时佛教界共同感兴趣的，又一时搞不明白的是佛性问题。慧远与鸠摩罗什的多次讨论"法身"问题，实质上就是佛性问题。

在《维摩诘经注》中说：

夫大乘之悟，本不近舍生死，远更求之也。斯为在生死事中，即用其实为悟矣。苟曰在其事，而变其实为悟始者，岂非佛之萌芽起于生死事哉？其

---

[1] 除论文外，还著有《维摩诘经注》《妙法莲华经疏》《泥洹经义疏》《小品经义疏》。

[2] 《诔文》为"既而悟曰：'象者理之所假，执象则违理；教者化之所因，束教则愚化。'是以征名责实，惑于虚诞；求心应事，芒昧格言"。意思相近。

悟既长，其事必巧。不亦种之义乎？所以始于自身，终至一切烦恼者，以明理转扶疏，至结大实也。

道生力图打通世间与出世间的界限。小乘佛教把世间与出世间绝对对立起来，在尘世之外去追求解脱。《维摩诘经》说过"何等为如来种？六十二见及一切烦恼皆系佛种"。道生领会了大乘佛教的这种灵活观点，主张善于理解佛教的精神实质，不能停留在经典的词句上。他说：

若投药失所，则药反为毒矣。苟曰得愈，毒为药也。是以大圣为心病之医王，触事皆是法之良药。

道生对大乘中观学派的思想，对空有、凡圣、世间出世间的依存关系，有很深的理解。也可以说，在大乘中观学派"破除一切"的思想方法基础上建立起他的体系。僧肇在《维摩诘经注》中说：

小乘以封我为累，故尊于无我。无我既尊，则于我为二。大乘是非齐旨，二者不殊，为无我义也。

小乘割裂我与无我，大乘"是非齐旨"，不割裂有我与无我，这一点，道生、僧肇、鸠摩罗什的观点是一致的。至于探

究佛性的内容,道生有其独到的见解,《法华经疏》:

> 故言以一大事因缘出现于世,欲令众生开佛知见……众由众生本有佛知见分,但为垢障不现耳。佛为开除,则得成之。

《涅槃经集解》引道生说:

> 苟能涉求,便反迷归极。归极得本,而似始起。始则必终,常之以昧。若寻其趣,乃是我始会之,非照今有。有不在今,则是莫先为大。既云大矣,所以为常,常必灭累,复曰般泥洹也。

可见道生主张佛性本有,为众生所本具,不从外来,不是后起。如果说是有始(即后起),佛性有始有终,就不是永恒的真理。以佛性为本有,如推究它的渊源,可以上溯到中国传统的"性善"说。如他说"众生本有佛知见分,但为垢障不现耳"。扫除垢障(佛为开除),佛性自现(则得成之)。

"佛性永存",是佛教徒所追求的信念。佛教在中土传播,"佛性"与"神我"两种观念经常容易被混淆。佛性永存,并不等于"神不灭"。对这个问题,如一代大师庐山慧远也搞不明白,因此与鸠摩罗什反复讨论。从双方来往的书信看,慧远对"法身"的理解和他对佛性观念相一致,与中观学派的隔阂很严重。对这问题,道生既不同意慧远以佛性为神我,也不同意鸠摩罗什对佛性、法身不肯定其为实有的观点。道生的佛性论,在理论上接受过般若空宗的洗礼,不把佛性当作一种崇高的实体,同时也没有把佛性说成一切皆空,看成方便设施,使他在中国佛教史上的地位得以与慧远齐名,其影响的深远超过鸠摩罗什和僧肇。

从理论上,否定概念,不能用作定义;从宗教信仰心理上,信教者均希求有一个安顿精神的世界。不论从理论上,或宗教心理上,"一切皆空"的立场都不可能使人长期停驻不再前进。佛教宣称现实世界为污染、为烦恼,无非为希求彼岸世界者作思想准备。舍染归净,去苦得乐,才是宣传宗教者给人们指出的最后归宿。如果信仰了佛教,到头来一无所得,一切皆空,连佛国也成了虚幻,那又何必出家?《涅槃经》提出涅槃四德"常、乐、我、净",等于对传统佛教作了一篇翻案文章,传统说法认为世界为"无常""无我""苦",他们把这三个特点看作佛教标志,号称"三法印"。《涅槃经》的传入,对佛教徒是一件大事,对佛教理论的发展,也是一件大事。它是般若空宗在理论上的发展,也对佛教的宗教实践起了某种巩固作用。

道生号称"涅槃圣",对佛教理论作过深入的阐发,以涅槃四德的"我"为"佛性我";此最高精神境界,超出死幻灭,故曰"常";永远脱离烦恼故为乐,此"乐"非对苦而言,而是宁静安谧的精神状态;此精神境界超越污染,与世间

污染不属于同一层次,"真理自然","穷理乃睹"。《集解》卷五四,引用道生说:

> 夫体法者,冥合自然,一切诸佛,莫不皆然。所以法为佛性也。

又以佛性常住,又说:

> 作有故起灭,得本自然,无起灭矣。

他解释佛的"八德"说:

> 善性者,理妙为善,反本为性也……涅槃惑灭,得本称性。

道生提倡反本得性。在这种世界观基础上,自然能得出"见性成佛"的结论。他的顿悟成佛说、一阐提人皆得成佛说,都是他的佛教哲学的组成部分,题内应有之义,不值得奇怪。

(一)顿悟说

佛教关于顿悟、渐悟的争论,不是竺道生首先提出的。但道生发展了顿悟说,有时不为当时一般人所理解,引起争论。人们以为顿悟说为道生所发明。东晋道安、支遁都曾提出过顿悟义，如《世说新语·文学篇注》说：

> 《支法师传》曰法师研十地[1]，则知顿悟于七住。

十地据佛教称为大乘菩萨修行必经的十个阶段，一个阶段称为一住（或一地）。十个阶段又可分为三个大的阶段。第一阶段称"欢喜地"，是起步入门阶段，从一地到六地，次第修习，到第七地出现一次飞跃，得"无生法忍"。十地之中，第七地至关重要。支道林最早提出七地以前的六地为渐悟阶段，从第七地开始，宗教实践及觉悟均已具足，由此前进，到十地则成就法身。

> 支公之论无生，以七住为道慧阴足（《大小品序》所谓"览通群妙"），十地则群方与能（支谓"感通无方"），在迹斯异，语照则一。（刘虬《无量义经序》）

---

[1] 十地：佛教认为有三乘十地与大乘十地两种，大乘菩萨进修，要经过十个阶段，一个阶段称为一地，古译"十地"为"十住"。欢喜地、离垢地、发光地、焰慧地、难胜地、现前地、远行地、不动地、善慧地、法云地。讲"十地"的还有《华严经·十住品》《渐备一切智德经》《十住经》《大智度论·发趣品》《十住毗婆娑》等。

慧达《肇论疏》说:

> 第二小顿悟者（第一为大顿悟），支道林师云，七地始见无生。弥天释道安师云，大乘初无漏慧，称摩诃般若，即是七地。远师云，二乘来得无有（当为"生"），始于七地，方能得也。瑶法师云，三界诸结，七地初得无生，一时顿断，为菩萨见地也。肇法师亦同小顿悟义。

这里所列举的几家关于顿悟的学说，都属于"小顿悟"。都认为七地以前为逐渐修习阶段。到第七地，才道慧具足，万行皆备，再无一步一步的新的进展而得顿悟。支道林认为人有聪明迟钝的差别，故悟有迟速。由初地渐进以至七住。既至七住，可有新的领悟。《肇论疏》解释说：

> 六地以还，有无不并，无二之理，心未全一，故未悟理也。若七地以上，有无双涉，始名理悟。

支道林倡群众品类不一，理解水平有高下，虽提出七地以上为顿悟，实际主渐修，而不是顿悟。由道安、僧肇等人主"小顿悟"都属于渐修派。

"顿悟"说的背后，仍体现了魏晋玄学的影子，这种学说仍是玄学体用学说在佛教修习的表现。玄学的"体"（或本），佛教所谓诸法实相，或真如。真如无名无相，超绝言象，或称为道，或称为理。玄学家谓理为万物之全体，不可分、不可割裂。理解即全部理解，不理解即全部不理解。对此最高真理，不能理解其一部分，还留有一部分不去理解（或不能理解），这样的理解等于不理解。顿悟之说，说到底即悟与不悟的问题，"悟"了，即是顿悟，"不悟"即完全不悟。支道林未曾理解玄学的体用本末的关系，他的"顿悟"，可称为渐修，不算顿悟。

但从认识过程及宗教实践方面考察，支道林的主张，还不能说完全不对，认识某种事物，学习某种本领，养成某种习惯，总要日积月累，不能跳跃。只是"理"或"道"是"大全"，不同于某种某类事物，它不可分割。认识最高真理就须靠顿悟，即大彻大悟，而不能一点一滴地去认识。

道生的顿悟说，不同于前人者，即在此。

道生关于顿悟的文章言论，大部佚失，只可从有关著作引文中及其哲学体系中勾画出他的顿悟说的基本脉络。探索道生的大顿悟说，关键在于正确理解他的"理不可分"的原则。在道生之前，有佚名作者的《首楞严经注序》，盛倡"理不可分"之说：

> 所以寂者，未可得而分也。故其篇云，悉遍诸国，亦无所分，于法身不坏也。谓虽从感若流，身充宇宙，岂有为之者哉？谓化者以不化为

宗，作者以不作为主。为主，其自忘焉，像可分哉？若至理之可分，斯非至极也。可分则有亏，斯成则有散，所谓为法身者，绝成亏，遗合散。灵鉴与玄风齐踪，员[1]神与太阳[2]俱畅。其明不分，万类殊观，法身全济，非亦宜乎？故曰不分，无所坏也。

这篇《序》，深受魏晋玄学影响，讲的是体用之学，它是从魏晋玄学立场来理解佛教的。其中讲的"法身""所以寂"都是指的本体。"化者以不化为宗，作者以不作为主"，"不化""不作"也是指的本体。"绝成亏""遗合散"源于《庄子》，也是指的本体。最高真理是永恒的，法身即最高真理，至理不可分，故云法身（至理）无所坏，这种观点颇近于六家七宗的"本无"宗。承认有至高无上、永恒不变、圆满完整不可分割的本体，也是道生顿悟说的理论依据。

《涅槃经集解》引道生序文，有云：

夫真理自然，悟亦冥符。真则无差，悟岂容易？故悟须顿，不易之体，为湛然常照，但从迷乖之，

---

[1] 员：当为"圆"的简体。

[2] 太阳：非与月亮并称的星体，而是指的最高真理，与"玄风"为并列句。

事未在我耳。

慧达《肇论疏》述道生学说，有云：

> 而顿悟者，两解不同。第一竺道生法师大顿悟（按第二为支道林小顿悟，文见前），云，"夫称顿者，明理不可分，悟语极照"。以不二之悟，符不分之理。理智恚[1]释，谓之顿悟。"见解名悟，闻解名信"。信解非真，悟发信谢，理数自然，如果熟自零，悟不自生，必借信渐。用信伪[2]惑，悟以断结。悟境停照，信成万品，故十地四果，盖是圣人提理令[3]近，使夫[4]者自强不息。

慧达这段文字，有转述有解释，他解释的大旨不差。道生认为真理绝言超象，不同于万物中的一物，不似有为法，可随时生灭，它无为无造，湛然常照。"悟"，不同于世俗所谓认识。世俗认识有主体和客体之间的反映和改变的关系。"悟"，是一种生活智慧的体验，道生谓之"极照"。悟所照

---

[1] 恚：疑当作"悉"。
[2] 伪：疑当作"伏"。（从汤用彤先生，改）
[3] 令：作为"今"。（从汤用彤先生，改）
[4] 夫：疑当作"天"，《易》云"天行健，君子以自强不息"。

的是本体，本体不可分，悟则全悟"理智悉释"。闻解来自耳目、感官，可以给人以闻见之知，通过闻见之知，可以得到一事一物的知识，来自闻见的知识，道生叫作"信"，把幻相信为实有，属于低级认识；"见解"不靠耳目见闻，"见解"之"见"，不是"闻见"之"见"，是真知灼见之见，是一种"洞鉴""洞察"的直观，达到"悟"的境界，自然超脱于闻见之知而得到"真知"。达到这种境界，"信"即让位于悟（悟发信谢）。道生讲的"悟"，不是凭空冒出来的（悟非自生），而是通过长期宗教修养，开始时不得不借助于耳目见闻，如听人讲说道理，诵习经典名言（闻教生解），日积月累（必借信渐），积累到一定程度，认识发生质的飞跃，使闻见之知（信）发生质变，进入"悟"境。在大彻大悟之前，必须认真接受宗教训练，使其闻教生解。道生的顿悟说不是一般认识论，它是一种为宗教服务的理论，他认为"十地四果"，"皆圣人（佛）提理令近"，为顿悟作准备。他在《法华疏》中说：

> 此经（《法华》）以大乘为宗，大乘者，谓平等大慧，始于一善，终于极慧是也。平等者，谓理无异趣，同归一极也。大慧者，就终为称耳。若统论始末者，一毫之善皆是也。

"始于一善"，即渐修功夫，"终于极慧"即悟的结果。道生宣传的宗教修养，是以渐修为初步，以一极为归宿。他在《维摩注》中也说：

> 一念无不知者，始乎大悟时也。以向诸行，终得此事，故以名焉。以直心为行初义，极一念知一切法，不亦是得佛之处乎？

"一念无不知"即大彻大悟，只有达到佛的境界终得此事。开始由闻生解（为行初义），终于达到最高真理（极一念知一切法），由渐而至理不可顿阶，经历由粗以至精的步骤。道生讲的宗教实践，不是世俗的认识论，而他的由渐修到顿悟的过程，对一般认识也有值得借鉴的地方。譬如千里之行，起于跬步，未到终点时，每一步都为"千里"做准备。如登高山，未到极峰以前的每一步，都为到达极峰做准备。一旦到达极峰，则别有一番境界。与攀登极峰之前及到达极峰之后的境界迥异，到达极峰之前的每一步的努力，属于渐修；到达极峰之时，视野开拓，另有一番景象，有如顿悟。这样的认识过程和生活经验，随处可见。道生说：

> 道品可以泥洹，非罗汉之名，六度可以至佛，非树王之谓。斩木之喻，木存故尺寸可渐。无生之证，生尽故其照必顿。（《无量义经序》）

无论从宗教实践的修行次第看，还是从沟通真谛和俗谛的观点看，道生显然接受过鸠摩罗什的中观学说，主顿悟而不废渐修，显真谛而不废俗谛，道生说："大乘之悟，本不近舍生死，远更求之也。"涅槃佛性，湛然常照，但此湛然佛性不是在生死之外，而在世谛之中，事本在我。由闻生信，超越信解，得到见解，是真理的自然显发。道生说：

> 得无生法忍，实悟之徒，岂须言哉？……夫未见理时，必须言津。既见乎理，何用言为？其犹筌蹄以求鱼兔，鱼兔既获，筌蹄何施。(《法华注》)

为了见理，必须借助于语言文字，好比过河须有桥梁，过了河，就没有必要永远背着桥走路。蹄筌为了获鱼兔，鱼兔既获，蹄筌自然不起作用。道生说：

> 果报是变谢之场，生死是大梦之境。从生死至金刚心，皆是梦，金刚后心，豁然大悟，无复所见也。(吉藏《二谛义》引)

大梦之境、变谢之场，都属于闻解阶段；"豁然大悟"才进入另一见解境界，乃是真悟。十地以前不是真悟。

> 十住几见，仿佛大终也。始既无际，穷理乃睹也。(《涅槃经集解》引)

穷理乃睹，即顿悟，是十住以后的结果。道生以般若学融会涅槃学，能使真空（中观学派）、妙有（涅槃学派）契合无间，融会大乘空有二宗。他讲"空"不流于怀疑一切，说"有"不陷于神我。此后，禅宗兴起，奉菩提达摩为始祖，传说已久，实据不多。夷考顿悟说发展脉络，不难发现中国禅宗血脉渊源于本土，似非来自葱岭之外。

（二）一阐提人皆得成佛

关于一阐提人皆得成佛的理论，是南北朝佛教界争议的一大问题，道生在这一大争论中起主要作用。据《高僧传·道生传》：

> 又六卷《泥洹》先至京都。生剖析经理，洞入幽微，乃说一阐提人皆得成佛。于时大本未传，孤明先发，独见忤众。于是旧学以为邪说，讥愤滋甚，遂显大众，摈而遣之[1]。生于大众正容誓曰：若我所说，反于经义者，请于现身即表疠疾。若于实相不相违背者，愿舍寿之时据师子座。言竟，拂衣而游。

---

[1] 按僧律规定，佛徒犯戒律，当众公布其罪，驱出寺院。

初投吴之虎丘山[1]，旬日之中，学徒数百……俄而投迹庐山，销影岩岫。山中僧众成共敬服。后《涅槃》大本，至于南京，果称阐提悉有佛性，与前所说合若符契。

道生在虎丘有短暂停留，因虎丘距南京不远，佛教徒中滞守文句的保守分子对道生当有压力，道生便向庐山躲避。在庐山期间，得见北本《涅槃经》，据《三论游意》，谓观法师请道生讲《涅槃经》。北本《涅槃经》证实了道生的预见。道生《法华经疏序》说：

聊于讲日，疏录所闻。述记先言，其犹鼓生。又以元嘉九年（432）春之三月，于庐山东林精舍，又治定之。加采访众本，具成一卷。

据《僧传》：

（道）生既得新经，寻即建讲。以宋元嘉十一年冬十一[2]月庚子，于庐山精舍升于法座。神色开朗，德音骏发。论议数番，穷理尽妙。观听之众，

---

[1] 道生在虎丘说法，顽石点头的传说，《吴中纪闻》谓见于《四蕃志》。
[2] 是年十一月无庚子，从汤用彤先生说为"十月"。

>莫不悦悟。去席将毕，忽见麈尾纷然而坠。端坐正
>容，隐几而卒……于是京邑诸僧，内惭自疚，追而
>信服……葬于庐山之阜。

关于佛性的争论，本来是佛教界早已存在的老问题。只是到了南北朝时期，这一争论又趋于高潮。它不是在《泥洹经》译为汉语以后才出现的问题。前此译出的《维摩经》《法华经》及一部小乘经典都已透露了这种思想的端倪。因为佛性问题牵涉千百万佛教信徒修习的出路。佛性问题本身是一个虚假问题，因为它要答复人们成佛有无可能。

但人人可以成佛这种空洞的诺言，却反映了当时被侮辱、被损害、失去生活乐趣的人民要求摆脱苦难的真实愿望。这种愿望不是假的，而是有他的广泛的社会基础。南北朝的统治者，在传统儒家哲学中可以找到巩固封建秩序、乐天安命的古训，但还不足以安抚广大群众要求改善处境的迫切愿望。在当时流行的十几家[1]佛性论中，道生的理论较为完善。一阐提人得以成佛，是他的佛性理论的组成部分。

"一阐提人"，照他的定义，即善根断绝的人，不可救药的人。经有明文，不能成佛。但竺道生善于体会佛教的目的在于满足人们精神安慰的要求。虽然他"孤明先发"，话说得

---

[1] 据《大玄论》，谈佛性者有十一家。

早了几年，南方佛教界未见到过北本《涅槃经》，没有经典作为根据，但《涅槃经》早有"四依"的教训，"依法不依人，依义不依语"，只要体会佛教渡世救人的宗旨，经上没有说的话，仍然可以当作佛的教导去宣传。只要看看一切众生都有佛性（包括一阐提人）的口号提出后，社会上掀起的一片欢腾、赞叹，就知道这种学说确实符合当时信仰者的要求。既然连作恶多端的一阐提都能成佛，其余众生自然可以顺利地进入佛国（天堂）。

成佛的资格可以不受限制，成佛的途径又很直截了当，"顿悟"可以成佛，不但给众生指出可能性，还给人们指出应走的道路。道生的学说所以得到崇高的地位，与他巧于适应当时宗教需求有密切关系。一切众生悉有佛性，也与他的佛性论有关。道生在《维摩经注》中说：

> 夫大乘之悟，本不近舍生死，远更求之也。斯在生死事中，即用其为实悟矣。苟在其事，而变其实为悟始者，岂非佛之萌芽起于生死事哉？

道生认为佛性不在现实世界之外，在生死中即可体现涅槃。道生认为用不着，也不应当在生死世界之外另觅涅槃境界。不离世间而体真如实相，与鸠摩罗什、僧肇的"空宗"大旨相合，僧肇就是从变动的世界中体认不动的。道生与中观学派不同处，是他更明确地提出有一种涅槃不动的精神境界，不像中观学派把"一切皆空"的意义绝对化,其流弊将导致佛教信徒信心动摇,对佛教的发展不利。

一阐提人[1],谓其"病即诸佛世尊所不能治。何以故?如世死尸,医不能治"(北本《涅槃经》卷九),"譬如掘地刈草、砍树、斩截死尸、骂詈鞭挞,无有罪报。杀一阐提人亦复如是,无有罪报"(北本《涅槃经》卷一六)。阐提如烧焦之种、已钻之核,即使有无上甘雨,犹亦不生。早先译出的六卷《泥洹经》曾举一阐提人为例,说此种善根断尽之人,永不能成佛。

> 如一阐提懈怠懒惰,尸卧终日,言当成佛。若成佛者,无有是处。(《泥洹经》卷三)

这一段在北本《涅槃经》卷五,已有增改,意义不同于旧译:

> 如一阐提,究竟不移,犯重禁者,不成佛道,无有是处。何以故?是人若于佛正法中,心得净信,尔时便灭一阐提。若复得作优婆塞者,亦得断灭。于一阐提犯重禁者,灭此罪已,则得成佛。是故言毕定不移,不

---

[1] 一阐提人,梵语为 Iccantika,意为作恶多端,不知悔改的人。

成佛道，无有是故。真解脱中，都无如是灭尽之事。

又据法显本，卷四：

一切众生皆有佛性在于身中。无量烦恼悉除灭已，佛便明显，除一阐提。

北本同一段，文句迥异：

一切众生，悉有佛性，烦恼覆故，不知不见。是故应当勤修方便，断坏烦恼。

又六卷本第六，有灰覆火偈，偈后有云：

彼一阐提于如来性，所以永绝。

北本卷九，灰覆火偈文句迥异：

彼一阐提，虽有佛性，而无量罪垢所缠，不能得出。

学术界对道生的一阐提人皆得成佛的理论，论述颇多，认为北本《涅槃经》已有明文规定。其实，北本《涅槃》对一阐提人得以成佛的问题,并不像人们所说的那样明确,经中关于成佛的许诺,也不像人们想象的那样慷慨。他们有严格限制,必须皈依佛教,认真接受佛教教义的"一阐提人"才可以成佛。

经过竺道生的发挥,结合中土性善说,以及"人皆可以为尧舜"的传统观念作为背景,道生的学说才得以顺利地产生社会影响。北本《涅槃经》对这个问题只是起了一种触媒剂的作用。道生学说所以受重视,起作用,都需在晋宋间社会基础中找原因。道生的学说是中国的土产,不是从国外输入的,早在大本《涅槃》传入以前,道生已"孤明先发"了。

魏晋南北朝流行的佛教主要经典

任继愈谈魏晋南北朝的佛教经学

《维摩诘经》

《维摩诘经》[1]从魏晋到南北朝(支谦到鸠摩罗什)150年间,出现过多种汉译本和合编本,这部经既受到佛教徒重视,也受到帝王上层贵族的重视。在当时人看来,这部经书"厥旨幽而远",是"先哲之格言,弘道之宏标"(支愍度《合维摩诘经序》)。僧叡称《维摩诘经》对他有很重要的启发,"予始发心,启蒙于此,讽咏研求,以为喉衿",把它看作佛教理论的基础读物。

在士大夫阶层,《维摩诘经》的影响,甚至超过了在佛教界的影响。

> 《京师寺记》云:兴宁中瓦棺寺初置,僧众设会,请朝贤鸣刹注疏。其时士大夫莫有过十万者。既至,长康(顾恺之字长康)直打刹注百万。长康素贫,众以为大言。后寺众请勾疏。长康曰,宜备一壁。遂闭

---

[1] 三国吴支谦译《维摩诘经》(Vimalakīrtinirdeśasūtra,二卷)。此后,又有《净名经》《无垢称经》等译本。姚秦鸠摩罗什译《维摩诘所说经》(三卷),唐末玄奘译《说无垢称经》。还有几种经合编的《合维摩诘经注》。

户，往来一月余日，所画维摩诘一躯，工毕，将欲点眸子。乃谓寺僧曰，第一日观者请施十万，第二日可五万，第三日可任例责施。及开户，光照一寺，施者填咽。俄而得百万钱。(《历代名画记》卷五)

上述故事，固然说明顾恺之画得好，也说明这个主题有极大的号召力。维摩诘这个人物，是南北朝门阀士族地主阶级最崇拜、极力仿效的理想人格。南北朝到唐朝的壁画和文学著作中涉及维摩诘的很多。唐朝大诗人王维，字摩诘，显然受了《维摩诘经》的影响。[1]

（一）门阀士族企慕"维摩诘"风格

《维摩诘经》所以受到朝野僧俗的普遍欢迎，与这个经的思想内容有关。门阀士族地主阶级过着十分悠闲的生活，在玄学盛行的风气下，既要不脱离现实中的物质享受，又要标榜自己超乎世俗物质享受之上的精神境界。这部经也对佛教徒提供了理论依据。当寺院财产有了大量积蓄之后，僧徒养尊处优，羡慕世间生活，把处世间当作出世间，从而极力泯除出家和在家的区别，甚至在家比出家更能体现维摩诘超越的智慧和高深

---

[1] "维"即"无"的音译，"摩诘"为"污垢"的音译。以污垢为字，没有道理。

的理论造诣。

> 虽为白衣,奉持沙门清静律行。虽处居家,不著三界。示有妻子,常修梵行。现有眷属,常乐远离。虽服宝饰,而以相好严身。虽复饭食,而以禅悦可味。若至博弈戏处,辄以度人。受诸异道,不毁正信。虽明世典,常乐佛法。一切见敬为供养中最。执持正法,摄诸长幼。一切治生、谐偶,虽获俗利,不以喜悦。游诸四衢,饶益众生。入治政法,救护一切。入讲论处,导以大乘。入诸学堂,诱开童蒙。入诸淫舍,示欲之过。入诸酒肆,能立其志。
> (《维摩诘所说经·方便品》)

这个维摩诘的生活方式与世俗贵族、富豪的生活方式没有什么两样,所不同的只是他的精神境界高于世俗贵族,比出家修行的菩萨们还高明。原因在于维摩诘具有超人的般若正智和无限灵活的善权方便。南北朝时期,门阀士族地主阶级享有政治、经济及社会地位的特权。他们有条件口头上讲超俗、清高。他们宣称不慕荣利、不关心富贵。这种风气弥漫于朝野上下,连处在统治阶级最高层的皇帝,也口谈玄理,想当起隐士来了。如:

> 简文(晋简文帝司马昱,在位时间为371年至372年)入华林园,顾谓左右曰:"会心处不必在远,

翳然林水，便有濠濮间想也。"(《世说新语·言语》)

维摩诘这个人，有广大田园财产，有妻子儿女，有神通，有学问，连佛也要让他三分。佛弟子们知识、理论与这个不出家的居士相比，只有感到自惭形秽。当维摩诘居士生病，佛派他的得力弟子去问疾。那些弟子们一个一个都推托，不敢去。因为维摩诘的道德修养和理论水平比佛弟子高得多。

用我们的眼光看，他能为自己的任何卑鄙可耻的世俗行径找到神圣不可亵渎的理论根据，也可以在神圣不可亵渎的理论掩护下，干出最卑鄙无耻的行径。他积累无量财富，不知厌足。他结交权贵，参与政治。也吃喝嫖赌，自命为人之导师。他不同于俗人的地方，在于他有一种高尚的精神境界。只有佛才具有那种精神境界。维摩诘在南北朝受到普遍的欢迎和尊重，就是因为它把南北朝门阀士族的腐朽生活神化了，把伪君子的二重性格美化了。当时政局不稳定，东晋以后，南朝几十年更换一次政权，当时的门阀士族中纲常名教已讲不下去，南朝头等门阀士族，所谓王谢的后代，对王朝的更替无动于衷，每当旧王朝被推翻，新王朝建立，主持大典，捧玉玺，劝进的，往往是那些高门大族的有名气的人物，像王俭就惯于充当这类角色。

（二）佛国论

《维摩诘经》在魏晋南北朝时期受到重视，说明大乘佛教的社会化、世俗化的宣传已相当成功,玄学本体论体现到生活方面,成为生活、行为的准则。体用不可分,进一步表现为出家与在家、出世与入世已用不着去极力划分。比如《维摩诘经》中有一段话:

> 我闻佛言,父母不听,不得出家?
> 然。汝等便发阿耨多罗三藐三菩提心[1]是即出家,是即具足。

佛教徒与非佛教徒的区别,已不在于是否出家,而在于是否有佛的觉悟。宣传重点在建立佛教的世界观。

《维摩诘经》在世俗世间建立了一个精神世界,它称为"佛国"[2],它不在于宣传如何由此岸世界达到精神彼岸(佛国),而在于教人改变对此岸世界的看法,看法改变了,佛国就出现了。《维摩诘经》提出一个问题——清净佛国在什么地方。

《维摩诘经》提出净土、佛国在何处,应该到哪里去寻求?它表示,佛国并不遥远,不是在现实世界之外,也不在现实世界之上,它就在现实世界之中,就在众生日常聚居、生活

---

[1] 梵文 Anuttara—Samyaksa bodni,意译为"无上正等正觉",或"无上正遍知"。

[2] 引文出自《维摩诘经·佛国品》。均不注出处。

的地方。竺道生提出了一系列在当时看来是翻案文章的命题，如"善不受报""一阐提人皆得成佛""佛无净土"，看来似与佛说背离。如果吃透大乘佛教的理论，竺道生那些新观点本来是题内应有之义。

所谓佛国，乃是菩萨为了教化众生而建立的，这个超世间的世界并不在世间之外，只能在世间的基础上去实现。《经》中用譬喻的方式说：

> 譬如有人欲度空中造立宫室，终不能成，如是童子，菩萨欲度人民故，愿取佛国。愿取佛国者，非于空也。

这里讲的佛国不在现实世界之外，不能造空中楼阁，并不是通过改造世界的途径把不合理的世界变成美满幸福的世界，它只是教人学会大乘佛教的观点（道意）就会进入佛国，追求高妙的佛国。佛国是一种精神境界，清净国土的实现，全靠有一个清净的意识。社会净化，全靠意识的净化。用净心建立净土。鸠摩罗什译的《维摩诘所说经》"直心是菩萨净土，菩萨成佛时，不谄众生来生其国"。鸠摩罗什自注："直心，以诚心信佛法也。"僧肇注："夫心直则信固，信固然后能发迹造行。然则始于万行者，其唯直心乎？"鸠摩罗什译文有"若菩萨欲得净土，当净其心。随其心净，则佛土净"。僧肇注释说"净土盖是心之影响耳"（见《维摩诘所说经注·佛国品》)。

思想支配一切，思想改变一切，思想创造一切。这是大乘佛教的共同主张。只是他们论证的方式各有不同。世界是不是清净，不是世界本身决定的，全在于观察世界者的心是不是清净。

> "云何舍利弗[1]，我日月净，不见色者岂日月过耶？"对曰："非也，非日月过。"佛言："此舍利弗，咎在众人无有智慧，不见如来佛国严净，非如来咎。"

佛土光明严净，只是由于人们心中不光明严净，众人无有智慧，才视而不见。对现实世界所以产生不同的判断，完全是人们主观认识不同。

> 譬如诸天同金钵食，其福多者举手自净。如是舍利弗，若人意清净者，便自见诸佛佛国清净。

追求佛国，向往净土，不要改变现实世界，现实世界的秽、净因人的认识而异。只要把它看成"佛国"，它就是"佛国"。引导人们追求佛国，在于拯救人们苦难的灵魂。要使苦

---

[1] 舍利弗，相传释迦牟尼十大弟子之一，以智慧著称。

难者精神上得到满足,就是得到了佛国。鸠摩罗什的弟子僧肇在《维摩诘所说经注》中说:"万事物形,皆由心成。心有高下,故丘陵是生也。"

从当时人对《维摩诘经》的宣传、信仰和理解中可以看出,南北朝时期,人们对世界的认识的重点,已不在本体论方面,注意力转向心性论。这种转变也反映了南北朝门阀士族和地主阶级对社会、自然的看法,由外界转向内心。也反映了他们身处乱世,用以保富贵、全性命、处危难、安身心的人生哲学。

《涅槃经》

佛教典籍中关于佛涅槃（逝世）的故事十分丰富，流传极广[1]，除文字记载外，还有壁画、雕塑、通俗文艺宣传说唱故事等。《涅槃经》是记载佛逝世前的最后说教。从三国到南北朝，约二百年间出现不少汉译本[2]，有的已经佚失。现在流行并受到重视的《涅槃经》汉译本有两种：一是法显与佛陀跋陀罗（觉贤）在建康（今南京）译的《大般泥洹[3]经》六卷，一是昙无谶于玄始三年至十年（414—421）在北凉译的《大般涅槃经》四十卷本。南朝刘宋时，慧观、谢灵运依六卷

---

[1] 有关佛涅槃的故事很多，有佛母大爱道、舍利弗、目连、阿难诸涅槃经，有叙述佛涅槃后事，如《般泥洹后灌腊经》《当来变经》等。《出三藏记集》有《泥洹后诸比丘经》，注云：或云《小般泥洹经》。还有与释迦涅槃有关，而不称为涅槃经的，如《遗教经》《大悲经》等。参看汤用彤《汉魏两晋南北朝佛教史》卷下，中华书局1983年版，第431页。

[2] 《涅槃经》译本有多种，先后有《小乘涅槃经》，即《长阿含游行经》之异译；《泥洹》一卷，《佛般泥洹经》二卷，晋白法祖译；《大般涅槃经》三卷，失译；《般泥洹经》二卷，求那跋陀罗译。《方等泥洹经》，竺法护译（支谦译已佚）；《大般涅槃经》四十卷，昙无谶译，因译于北凉，称"北本"，因此译本篇幅最大，又称"大本"；《大般泥洹经》六卷，觉贤译。

[3] "泥洹"为早期译法，后期译为"涅槃"，均为梵语 Nirvāna 的音译。

本《泥洹经》北本之前五品分为十七品，删定为三十六卷，称《南本涅槃》，该本流行不广。

《涅槃经》在南北朝时期受到普遍欢迎与重视，不是偶然的。佛性问题、成佛问题，是广大群众最关心的问题，《涅槃经》对这个举世关心的问题讲述得很充分。又由于它是一部大书，书中的重点有时前后不一致，有时自相矛盾，给注释者留下发挥的余地。

南北朝时期，门阀地主阶级过着极度豪华奢侈的生活，但又喜欢讲超脱，反对庸俗，他们生活在世俗中，又要极力表示他们不同于世俗。维摩诘的风格已成了朝野士大夫十分向往的典型。《涅槃经》讲到佛的一些表现，也有和《维摩诘经》中的维摩居士有类似的地方。《涅槃经》开始就提出了"随顺世间"的观念。

释迦牟尼本来是一个凡人，也过着世俗人的生活，曾娶妻生子。他出家后觉悟成道，建立佛教，后人奉他为教主，才不同于世俗凡人。释迦牟尼也曾经历了从不觉悟到觉悟的过程。当然，这个"觉悟"是否真正的觉悟，还可以讨论，但他的转变，无疑是一个飞跃。后来的佛教徒神化他，抬高他，百般为他粉饰，把他变成了神。从佛教徒信仰立场，美化他们的创始人是可以理解的。我们不必追究经中宣传那些故事的真伪，我们要注意何以制造的那些虚伪宣传竟能广泛流行。

《大般涅槃经》曾假托迦叶设问：佛已脱离烦恼、情欲，为什么还娶妻生子，"若佛已度烦恼大海者，何缘复与耶输陀罗生罗睺罗"(《大般涅槃经》卷四)？如果尊重事实，说老实话，本来这个问题很容易回答。但《涅槃经》却不采取老实的办法，而是用"随顺世间"为理论，做出了另外的解释。它说如来有超人的智慧和神通，能以"三千大千世界纳一毛孔"，如来根本没有情欲，所谓佛生子罗睺罗，只是为了随顺世间。佛传记载释迦牟尼母亲为摩耶夫人，《涅槃》解释说：

> 或阎浮提示入母胎，令其父母生我子想。而我此身毕竟不从淫欲和合而得生也[1]。我已从无量劫来离于淫欲，我今此身即是法身，随顺世间，示现入胎。

按照佛教传统说法，佛从出生到成长，经历了与众人大致相似的过程，"如来身者即是法身，非是血肉筋脉骨髓之所成立。随顺世间众生法故，示为婴儿"。佛剃发，也是为了随顺世间法，故示现剃发。随顺世间法故，示现穿耳。世间本来没有能充当释迦牟尼老师，为随顺世间法故，示入学堂。后来学习、乘象、盘马、搦力，种种技艺，也是为了随顺世间法。为太子时"于五欲中，欢娱受乐"也是为了"随顺世间法故，示如是相"，佛早已舍去五欲之乐。一系列的随顺世间法的行

---

[1] 佛教关于投胎转生的解释，谓起投胎者的灵魂自身的淫欲所致。

为，与《维摩诘经》中描写的维摩居士的行为，可以说大同小异，所不同的只是一个是出家，一个是在家。《涅槃经》中的佛所示现的随顺世间法，与维摩诘所示现的世俗生活完全一样。人世间享乐生活与出世间的精神修养紧密结合起来，在理论上给当时门阀士族地主阶级以理论支柱。

《涅槃经》提出佛涅槃后，离开了佛当面指引时，如果众生对佛教的理解发生分歧，以什么为依据？它提出了所谓"涅槃四依"之说：

> 依法不依人，依义不依语，依智不依识，依了义经不依不了义经。(《大般涅槃经》卷六)

"四依"的主张，在《涅槃经》中都有详细的解释，但这"四依"的原则，给后来中国佛教各宗派留下了无限发挥的余地。因为这"四依"提倡不依文句，依精神。至于对精神的理解，可以因人而异，这正符合玄学开创的"得意忘言"的传统。佛教《涅槃经》在中华民族中引起重视，它影响的深远程度超过了《维摩诘经》。

(一)常乐我净

《涅槃经》为佛教的大乘，大乘是小乘的发展，有许多命题对小乘做翻案文章。小乘为破世俗观念，提出世间是污染的、无常的，提倡无我，宣扬世间为苦。大乘涅槃佛教学说则公开提出最高修行境界是常（对小乘的无常）、乐（对小乘的苦）、我（对小乘的无我）、净（对小乘的不净）四德。小乘佛教教人厌离世间，灰身灭智，这样的涅槃，或称"灭度"，只能是死亡的讴歌，佛教向信徒传播厌世观念，但不可能使人产生一种向往、追求的激情。大乘佛教对小乘这种观点表示不满，提出了许多不同的补救措施（不同派别有不同的观点）。《大般涅槃经》认为世俗观念的"实有"应当破除，但涅槃并不意味着死亡。诸佛如来都有入胎投生、出家得道、由凡入圣最后得涅槃的过程。这只能看作如来"随顺世间"做出的一种"示现"，佛不同于凡人一样有生有死，他是超生死的。

佛教的发展过程表明了否定之否定。小乘破世俗有，大乘又破小乘有，建立涅槃真实。《涅槃经》承认了世俗人生为无常、苦，提出了彼岸涅槃世界为永恒、乐，在这种世界观指导下，建立了它的宗教哲学体系。

《大般涅槃经》开头在否定世间"常、乐、我、净"，建立出世间的"常、乐、我、净"。"常"即永恒性，为法身的特性。"乐"不同于世间的感官享受，感官享受是无常的，带来的是苦。涅槃境界的乐，是永恒的精神宁静，亦称常乐、永恒的乐，不会磨灭。

《涅槃经》讲的"我"，不同于小乘所破的"五蕴"构成的我，而是给予新的内容的"我"。"何者为我？若法是实、是真、是主、是依、性不变者，是名为我"。这样的"我"，有绝对自由,"大自在,故名为我"。这个我又称"大我"。

"净,谓如来性善,纯净无染"。这种净又称"大净"。分别看,常指法身,乐指涅槃,我指佛身,净指佛法。总体看,常、乐、我、净即涅槃的基本德性,亦称"大涅槃",简称为"涅槃四德"[1]。证得涅槃四德,是名为佛,才算得到佛教的真谛。"有常、有乐、有我、有净,是则名为实谛之义"(《圣行品》之三)。这是对大乘般若空宗理论的进一步发展。常、乐、我、净观念在大乘空宗以前已出现,并曾遭到大乘空宗的批判[2]。《涅槃经》为了弥补般若空宗把"空"讲过了头而产生的弊病,才建立的一种新体系。法相唯识宗也是为了弥补大乘般若空宗的弊病而建立的另一流派。

涅槃四德在理论上承认有一个彼岸世界的真实存在。佛教和其他宗教一样,都不能不宣传有那样一个"天国"(佛刹净土),但这种"净土"要有理论支持,才有说服力。《涅槃经》把涅槃与佛和净土统一起来。常、乐、我、净的境界,是佛的境界,也是佛国的境界,"西方极乐世界"不只是宗教信仰的想象,而是被安置在神学理论体系之中,使信仰主义增添了理论色彩,使信仰与理论之间、知识僧侣与一般信徒之间联

---

[1] 《大般涅槃经·哀叹品》,称"彼佛者是我义,法身是常义,泥洹是乐义,假名诸法是净义"。略有不同。

[2] 鸠摩罗什译《摩诃般若波罗蜜经·善知识品》:"常毕竟不可得","乐、净、我毕竟不可得"。这是为破"法执",而加以强调的说法。

系得紧密了。

佛教的消极悲观的基调，得到"涅槃四德"的理论的补救，给它带来若干欢快的希望。世俗观念所希求的长寿、幸福快乐、自由、道德高尚，这些难以达到的愿望，在下意识里经常出现，无从满足。而"涅槃四德"从理论上都给以满足，指出信了佛教，在涅槃境界中可以得到满足。看起来，涅槃经的理论是从世俗观念经过小乘又进入大乘，走了一个否定之否定的道路，而实际上，它提供了从大乘出世退回到世间的自我陶醉的一条捷径。

（二）一切众生皆有佛性

《大般涅槃经》与其他宣传佛国净土的教派都说有一个极乐世界，净土教派教人往生西方，去找那个佛国净土，《涅槃经》则鼓励人们去发掘各自本有的成佛本性。它说，"一切众生，悉有佛性"（《如来性品》之四）。

"一切众生，悉有佛性"的思想不是从《涅槃经》开始的，小乘佛教一切有部说过"心性本净，客尘所染"。中国早期禅学著作中也有类似的见解，如康僧会《安般守意经序》。

昙无谶译《大方等大集经》，把"客尘所染"改为"客尘所障"。

一切众生心本性，清净无秽如虚空……以客烦

恼障覆故，是故不得于解脱。(《不可说菩萨品》)

《大集经·陀罗尼自在王菩萨品》之一：

一切众生心性本净。性本净者，烦恼诸结不能染着。犹如虚空，不可沾污。心性、空性等无有二。众生不知心性净故，为欲烦恼之所系缚。

本净之心，无染无净。《大般涅槃经》继承了心性本净的说法，只是把"心性"换成了"佛性"。使成佛的理论根据有了变化，因为佛性比心性有更广泛而深刻的含义。

佛性与法性，大乘佛教多用作同义语。法性，一般意义指万法（万物）的自性（属性），法性还有一个含义即佛理，佛教教义真理。佛教教义被普遍化、永恒化，说成万事万物的普遍本质，即所谓"法性"。这样万物之本的法性也就是佛性。

佛教解释人生苦恼的根源，最先提出十二因缘说。这十二因缘说，推广到一切众生（不限于人类），这个十二因缘之理是永恒不变的，《大般涅槃经》也称十二因缘为"佛性"。十二因缘之理是佛性，构成人的五蕴（色、受、想、行、识）也都是佛性。

色是佛性，何以故？是色虽灭，次第相续，是故获得无上如来三十二相如来常色……众生佛性亦复如是。质虽无常,而色是常,以是故说色为佛性。
(《师子吼菩萨品》之六)

色是佛性,受、想、行、识亦复如此。《涅槃经》讲的佛性,也包括"心性",但它没有把"佛性"说简单地等于心性。它认为心性有时受到干扰,有净不净,而佛性无不净。众生的心性属于无常,终将坏灭,佛性是"常"。但众生既有成佛之本性,众生的五蕴虽属无常,也有佛性,可以由"无常"转变为"常"。它譬喻"金"可以表现为钗、钏等形态,是无常,但金性是常。一切无常之物都有生、住、异、灭四个阶段,称为"四相"。任何具体事物均须经历此生、住、异、灭四个过程,是为"无常",但此"四相"之理则是"常"。

性故,生、住、异、坏皆悉是常;(有为之法)念念灭故,故名无常。善男子,有漏之法,未生之时,已有生性,故生能生;无漏之法,本无生性,是故生不能生。(《光明遍照高贵德王菩萨品》之三)

有漏法为属世间法,是无常的。无漏法是不受"四相"的制约,它是"常",所以是佛性。以涅槃为例:

涅槃之体,非本无今有……有佛无佛,性相常住,以诸众生烦恼覆故,不见涅槃,便谓为无。

(《光明遍照高贵德王菩萨品》之二)

这从认识论来看,把一般从个别中抽象出来,把它永恒化、实体化。反过来,再让一般成为个别赖以产生的本原和模型,也作为众生成佛的最后依据时,就叫作佛性。这是把一般概念当作单个的存在物。[1]这种单个的存在物,"常"是它的共性,也是涅槃的根本特征。"佛性是常,三世不摄"(《迦叶菩萨品》之一)。涅槃四德(常、乐、我、净)也是佛性四德。《涅槃经》宣说众生悉有佛性,即是从事物概念的不变性(常)推导出来的结论。一般通过个别来体现,佛性通过众生来体现。"众生都有佛性"的结论,就可以言之有据。

十二因缘,一切众生等共有之,亦内亦外……佛性亦尔,一切众生定当得阿耨多罗三藐三菩提,是故我说一切众生悉有佛性。(《师子吼菩萨品》之六)

又说:

若有人见十二因缘者,即是见法。见法者即是

---

[1] 参看列宁《哲学笔记》有关论述。

见佛。见佛者即是佛性。何以故？一切诸佛以此为性。(《师子吼菩萨品》之一)

这是说佛理即是佛性，《涅槃经》认为：

能信如是《大涅槃经》，其人则能自然了达三皈依处。何以故？如来秘藏有佛性故。其有宣说是经典者，皆言身中尽有佛性。(《如来性品》之五)

这是以理为核心的佛性论。它不同于以心性为佛性的理论。实际上，这个理仍然离不开"心性"。

《大般涅槃经》除了以理为佛性外，还提出以智慧为佛性的说法。

佛性者名第一义空，第一义空名为智慧。所言空者，不见空与不空；智者见空与不空。常与无常，苦之与乐，我与无我。空者一切生死，不空者谓大涅槃。乃至无我者即是生死，我者即是大涅槃。见一切空，不见不空，不名中道。乃至见一切无我，不见我者，不名中道。中道者名为佛性……不得第一义空故。不行中道，不见佛性。(《师子吼菩萨品》之一)

第一义空、中道，指的是从小乘到大乘的认识道路的否定之否定。既要见到世间的无常、无我、苦，又要见到出世间的常、乐、我，构成高一个层次的统一，即所谓智慧。这样的智慧叫作"佛性"。以教理为佛性，以佛性为常，有客观唯心主义倾向；以智慧为佛性，则倾向内心的体验，有主观唯心主义倾向。这两种倾向发展下去，可能出现大的分歧，但在《涅槃经》中，这种分歧尚属潜在阶段。隋唐以后，他们的争论才得到充分的展开。

以智慧佛性说，认为众生本来就有"第一义谛"或"中道"的观念：

> 我亦不说内外六入及六识常、乐、我、净，我乃宣说，灭内外入所生六识名之为常。以是常故，名之为我。有常我故，名之为乐。常、我、乐故，名之为净……众生厌苦，断是苦因，自在远离，是名为我。(《憍陈如品》之一)

这里的常即众生的六识，只是一种被实体化了的抽象认识能力，既可以陷于流转生死（无常），又可摆脱因缘的作用而保持其自性（常）。既然众生都有厌苦求乐的意向，希望断灭无常、苦、无我、不净之身的心理，判定世界为苦，涅槃世界为乐，成为人心所向。佛教强调这种认识的重要性，把智慧也看作佛性。

（三）当果佛性

从成佛的因果关系上确定众生佛性的性质，也是《大般涅槃经》强调的内容。它说：

> 是果非因，谓大涅槃……涅槃无因，而体是果。何以故？无生无灭故，无所作故……是因非果，名谓佛性。非因生故，是因非果；非沙门果，故名非果。（《师子吼菩萨品》之二）

所谓涅槃是"果"而非"因"，佛性是"因"而非"果"，并不是说佛性与涅槃之间有因果关系，因为二者都是常、无生灭、永恒存在的精神境界。这里讲的因果，是相对众生而言。佛性普存于众生之中，未来必当成佛，故为成佛之因，因是成佛的根据，它只能是因，而不是果，"是因非果"。涅槃是众生开发本身具有的佛性的结果，它是最终的归宿，"是果非因"。从将来必得成佛这一个意义上来说，人人皆有佛性。讲到因果关系，它认为：

> 能生法者是名生因，灯能了物，故名了因。烦恼诸结，是名生因，众生父母，是名了因。如谷子等是名生因，地水粪等是名了因。（《师子吼菩萨品》之二）

对生物起促进作用的叫生因,使它完成的,叫了因。佛性被看作了因,六波罗蜜列为生因。

> 生因谓六波罗蜜阿耨多罗三藐三菩提……了因谓佛性阿耨多罗三藐三菩提。(《师子吼菩萨品》之二)

六波罗蜜和佛性,都被当作无上菩提的内容,但"佛性之性不生涅槃,是故我言涅槃无因"(《师子吼菩萨品》之三)。佛性不能生出涅槃,所以不能成为"生因"。但涅槃毕竟还能显露出来,那是因为佛性的存在使涅槃有得以显露的根据,"佛性"即是"了因"。同品还说"涅槃不从道生,故名无果",也就是说不从六波罗蜜生,涅槃本质是无生。六波罗蜜能破一切烦恼障碍,从而使涅槃得以显现,也可叫作生因。

关于因果的论述,《涅槃经》自己也有时陷于混乱:

> 复有二因,一者作用,二者了因。如陶师轮绳是名作因,如烧烛等照暗中物,是名了因……大涅槃者,不从作因而有,唯有了因。了因者,所谓三十七助道法、六波罗蜜。

"了因"是照了有工具的意思,六波罗蜜说成"了因"。又说:

> 因有两种，一者正因，二者缘因。正因者如乳生酪，缘因者如醪煖等。从乳生故，故言乳中而有酪性……众生佛性亦二种因：一者正因，二者缘因。正因者谓诸众生，缘因者谓六波罗蜜……众生佛性，不名为佛，以诸功德因缘和合得见佛性，然后得佛……以是义故，我说二因：正因、缘因。正因者名为佛性，缘因者发菩提心。以二因缘得阿耨多罗三藐三菩提。(《师子吼菩萨品》之二)

以上的解释，比"了因""生因"的说法清楚，在《涅槃经》的影响下，一般佛教徒都讲"正因佛性"。《大般涅槃经》又称众生即是佛性。

> 众生即是佛性，何以故？若离众生，不得阿耨多罗三藐三菩提……一切无明烦恼等法，悉是佛性。何以故？佛性因故。(《迦叶菩萨品》之三)

佛性为精神本体，无所不在，如同"法身"，遍一切处。这给后来中国佛教各宗派留出尽量发挥各自学说的余地，所谓后来天台宗、华严宗、禅宗所宣扬那些看来不合常理的议论，《涅槃经》中都已埋藏着潜在的种子。

（四）成佛与一阐提[1]

众生悉有佛性，与众生皆当成佛，是不同的两种概念。《大般涅槃经·邪正品》说：

> 我不知我当得作佛不，然我身中实有佛性。我今身中定有佛性，成以不成，未能审之。

佛性与众生的关系已在前数节中讲到，佛性为理，佛性为法身，佛性为正因，众生皆有佛性的结论，是从佛教道理推演出来的必然结果。《涅槃经》还用比喻来阐明这个道理。

> 众生佛性如杂血乳。血者即是无明、行等[2]一切烦恼，乳者即是善五阴也。（《迦叶菩萨品》之三）

一切烦恼覆盖着本有的佛性，使众生不能得见，因而堕入生死轮回六道。如果能从血乳混杂中提炼出纯乳，再由乳炼成乳酪、生酥、熟酥、醍醐，就意味着成佛之道。由众生到

---

[1] 一阐提，梵语 Icchantika 的音译，略称"阐提"，意为断绝一切善根的人。

[2] 无明、行等：指从无明开始的十二因缘。

佛地，关键在于"断障"，"了了见佛性"（《如来性品》之五）断障。即对治烦恼，获得佛果，这是佛教各派都信奉的道理。而《涅槃经》特别强调"了了见佛性"作为成佛的标志。

> 菩萨摩诃萨见佛性故，得常乐我净，成就大涅槃。（《梵行品》之三）
>
> 不见佛性而断烦恼，是名涅槃（按：指小乘），非大涅槃。……若见佛性，能断烦恼，是则名为大涅槃也。（《光明普照高贵德王菩萨品》之五）

见不见佛性，也是大乘与小乘涅槃的区别。法显译的《大般泥洹经》将"见佛性"译为"开发佛性""开发如来常住法"（《问菩萨品》）。前后两种译本的不同，表示所强调的重点不同。《大般涅槃经》所谓见，是指一种神秘的直观，不是指视觉中的"看见"。它自己解释说：

> 见有二种：一相貌见，二了了见。云何相貌见？如远见烟，名为见火，实不见火，虽不见火，亦非虚妄。见空中鹤，便言见水，虽不见水，亦非虚妄。如见花叶，便言见根，虽不见根，亦非虚妄……云何了了见？……菩萨摩诃萨了了见道，菩萨、涅槃亦复如是。虽如是见，初无见相。（《梵行品》之三）

这种"了了见",有感知而无表相,这是经过宗教训练,调练身心的结果。得到这种见佛性的地步,并不容易。"无量菩萨具行波罗蜜,乃至十位,犹未能见所有佛性"(《如来性品》之五),"佛性唯佛能知"。《大般涅槃经》反复讲说人人都有佛性,但未曾表示人人皆得成佛。

> 彼一阐提虽有佛性,而无量罪垢所缠,不能得出,如蚕处茧。以是业缘,不能生于菩提妙因,流转生死,无有穷已。(《如来性品》之五)

一阐提不信佛教,罪孽深重,不得解脱,更说不上成佛。《大般涅槃经》后分,则一再讲说"定当得果"为佛性,从"众生悉有佛性"推演出众生悉得成佛。

> 断善根人[1]有佛性者,是人亦有如来佛性,亦有后身佛性,是二佛性障未来故,得名为无;毕竟得故,得名为有。(《迦叶菩萨品》之三)

所谓"后身佛性"即"法身",即众生皆有的佛性。所谓"如来佛性"即"法身",即众生皆有的佛性。所谓"后身佛

---

[1] "断善根人"即一阐提人。

性",指佛生身,亦即所成之佛身。这就是说,一阐提不止有佛性,未来毕竟得成佛。当得成佛的原因是"佛性不可得断""非如朽败种子不得生芽"。还有,佛有"大慈心",关心众生,有"一子想"[1],使一阐提萌生一念悔改之心,给他指明了光明的前途。从众生悉有佛性到一阐提亦能成佛,这表明大乘佛教力图扩大其传教效果,给广大群众许下进入佛国的诺言,使人人可以得到美满的结果。从南北朝到隋唐,每一宗派都讲佛性,都探索成佛之路。《大般涅槃经》对佛性问题提供了重要思想资料,这样讲的好处,使佛教与世俗更接近,"佛"也接近世俗,使它哲理化。犯了五逆大罪的坏透了的人,像一阐提,可得成佛,有一个最重要的条件,就是要皈依佛教。就是说,再坏的人,只要信仰佛教,即可成佛,对不信佛教的人,不在此限。因而《迦叶菩萨品》(之一)曾说过"杀害蚁子,犹得杀罪,杀一阐提,无有杀罪"。可见,由于宗教的偏见,为了佛教的利益,本来可以说得通的道理,也不得不修改成说不通的道理。"一阐提人得以成佛"的诺言,并不像字面上那样慷慨。

---

[1] 一子想,佛关心爱护众生,就像父母对独生子那样关切备至。

《法华经》

《法华经》为《妙法莲华经》的简称，梵文为 Saddharma-pundarikasutra，先后汉文译过六次，现存三种译本，最早有西晋竺法护译《正法华经》十卷，姚秦鸠摩罗什译有《妙法莲华经》八卷。阇阁那崛多和达摩笈多译《添品妙法莲华经》七卷，影响不大。还有单品译本。

《法华经》是西晋到南北朝，流行于中国的重要佛经。竺法护在西晋太康七年（286）初次译出，五六年内随校随讲，受到在长安和洛阳的僧俗的重视。姚秦弘始八年（406）鸠摩罗什于长安重译，为了区别于旧译本，名为《妙法莲华经》。南北朝时，《法华经》成为佛教徒的主要教材。后来，隋智颛对此经发挥、注解，创立了天台宗。佛教传到日本，日本的"日莲宗"也是以《法华经》为主要经典的。

《法华经》汉译本今天流行最广的是鸠摩罗什的译本。此经共分二十八品，因其篇幅适中，译文流畅，其描述部分，文学味道较浓，也有利于它的传播，其影响的广泛，超过了《维摩诘经》。就其内容来说，确有它得以在南北朝传播的内在原因。

(一)会三归一

《法华经》为佛教大乘经典,产生于佛教后期,那时佛教有许多流派,许多经典,同时存在。它说:

> 佛世尊演说正法,初善、中善、后善。其义深远,其语巧妙……为求声闻[1]者说应四谛法,度生老病死,究竟涅槃;为求辟支佛[2]者,说应十二因缘法;为诸菩萨说应六波罗蜜,令得阿耨多罗三藐三菩提,成一切种智。(《妙法莲华经·序品》)

所谓初、中、后三个层次,是指佛宣传佛法的等级。它认为佛经讲的道理都是佛教的"正法",只是为了适应听众理解的水平、接受能力,来宣讲佛教的三种内容。初时为"声闻乘"说法,宣讲"四谛法",使他们脱离生、老、病、死,以"究竟涅槃"为目标。中时为"辟支佛乘"讲十二因缘法,使他们得知诸法因缘而"自求涅槃"。最后为"菩萨乘"讲"六

---

[1] 声闻:梵文 Srāvaka 的意译,遵照佛教修行,以自身解脱为目的的出家者。

[2] 辟支佛:为梵文 Pratyekabuddha 的音译,亦译为辟支迦佛陀,意译为缘觉,或独觉,指此类信徒,当时佛法已灭,因有前世的因缘,自以智慧得道,他们靠自觉,不从他闻得道。

度",使他们得"无上正真道",成就一切种智,最后成佛。印度大乘佛教以声闻、缘觉、菩萨为"三乘",表示佛教信徒的三个等级,声闻、缘觉二乘为小乘,菩萨乘为大乘。《法华经》没有采取旧说,而是把"三乘"统归为"一乘"。

> 如来但以一佛乘故,为众生说法,无有余乘,若二,若三。
> 诸佛如来言无虚妄,无有余乘,唯一佛乘。
> (《方便品》)

《法华经》不仅给菩萨乘授记,预言将来成佛,还给那些公认为低于菩萨乘的声闻、缘觉大众授记,预言将来成佛。在《受记品》《五百弟子授记品》《授学无学人记品》等,都做出类似的预言。《法华经》指出,众生中各有轻重不同的根性,佛根据他们各自的根性,对他们说法。

> 如来于时观是众生诸根利钝、精进懈怠,随其所堪而为说法,种种无量,皆令欢喜,快得善利。
> (《药草品》)

这里的"根性",或称"根器",略相当于世俗的"天资""资质""品格",除了天资智愚的含义,还有对佛教信仰深浅的含义。根性的利钝,决定对佛教教理理解水平的高下和信仰的深浅。根性因人而异。《法华经》把众生分为三类,第一种,罪根深重及增上慢者,"斯人甚少福德,不堪受是法"。这些人不够资格接受佛教大乘教义。第二种,"钝根"者,"贪着于生死,于诸无量佛不行深妙道",这是小乘信徒。第三,"利根"者,"有佛子心净"的人,即菩萨乘人。佛说法,要照顾到根性不同的这三种人。《法华经》的《譬喻品》用了"火宅三车"的比喻,来说明《法华经》三乘归一的道理:

……有大长者,其年衰迈,财富无量,多有田宅,及诸僮仆,其家广大,唯有一门,多诸人众,一百、二百乃至五百人,止住其中……周匝俱时,歘然火起,焚烧舍宅,长者诸子,若十、二十或至三十在此宅中。长者见是大火从四面起,即大惊怖……而诸子等,于火宅内乐著嬉戏,不觉不知不惊不怖。火来逼身,苦痛切己。心不厌患,无求出意……父虽怜愍,善言诱喻,而诸子等,乐著嬉戏,不肯信受,不惊不畏,了无出心,亦复不知何者是火,何者为舍,云何为失,但东西走戏,视父而已。

尔时长者即作是念,此舍已为大火所烧,我及诸子若不时出,必为所焚。我今当设方便,令诸子等得免斯害。父知诸子先心各有所好,种种珍玩奇异之物,情必乐著。而告之言:汝等所可玩好希有难得。汝若不取,后必忧悔。如此种种。羊车、鹿车、牛车今在门外，可以游戏。汝等于此火宅宜速出来，随汝所欲，皆当与汝。尔时诸子闻父所说珍玩之物，适其愿故，心各勇锐，互相推排，竞共驰走，争出火宅。是时长者见诸子等安隐得出，皆于四衢道中露地而坐，无复障碍。其心泰然，欢喜踊跃。时诸子等各白父言，父先所许玩好之具，羊车、鹿车、牛车愿时赐与。

尔时长者愿赐诸子等一大车，其车高广，众宝庄校。周匝栏楯，四面悬铃，又于其上张设幰盖，亦以珍奇杂宝而严饰之……安置丹枕，驾以白牛，肤色充洁，形体姝好，有大筋力，行步平正，其疾如风。又多仆从而侍卫之……是大长者……而作是念，我财物无极，不应以下劣小车与诸子等。今此幼童皆是吾子，爱无偏党，我有如是七宝大车，其数无量，应当等心，各各与之，不宜差别……以我此物周给一国，犹尚不匮，何况诸子？是时诸子各乘大车，得未曾有，非本所望。

如彼长者初以三车诱引诸子，然后但与大车，宝物庄严安隐第一，然彼长者无虚妄之咎。如来亦复如是，无有虚妄。初说三乘引导众生，然后但以大乘而度脱之。(《譬喻品》)

《法华经》出于大乘后期，它试图把大乘佛教的一些不同学说给以调和，佛教曾讲过"四谛""十二因缘"，只是为了照顾信仰者"深著五欲""志乐小法"，好比商旅长途旅行，产生畏怖情绪，不愿继续前进，佛以方便力，化作一城，使众生得以暂息，让他们看到前途，增加前进的勇气：

> 如来方便深入众生之性，知其志乐小法，深著五欲，为是等故，说于涅槃。是人若闻，则便信受，譬如五百由旬险难恶道，旷绝无人怖畏之处。若有多众，欲过此道，至珍宝处，有一导师聪慧明达，善知险道通塞之相，将导众人欲过此难，所将人众，中路懈退，白导师言，我等疲极而复怖畏，不能复进。前路犹远，今欲退还。导师多诸方便而作是念，此等可愍，云何舍大珍宝而欲退还。作是念已，以方便力，于险道中，过三百由旬，化作一城。告众人言，汝等勿怖，莫得退还。今此大城，可于中止，随意所作。若入是城，快得安隐，若能前至，宝所亦可得去。是时疲极之众，心大欢喜，叹未曾有。我等今者免斯恶道，快得安隐。于是众人前入化城，生已度想，生安隐想。尔时导师知此人众既得止息，无复疲倦，即灭化城，语众人言，汝等去来，宝处在近，向者大城，我所化作，为止息耳。
>
> ……如来亦复如是，今为汝等作大导师，知诸生死烦恼恶道险难长远应去应度，若众生但闻一佛

乘者，则不欲见佛，不欲亲近，便作是念，佛道长远，久受勤苦，乃可得成佛。知是心怯弱下劣，以方便力而于中道为止息，故说二涅槃。若众生住于二地，如来尔时即便为说，汝等所作未办，汝所住地近于佛慧，当观察筹量所得涅槃，非真实也。但是如来方便之力，于一佛乘分别说三，如彼导师为止息故，化作大城，既知息已，而告之言宝处在近，此城非实，我化作耳。(《化城喻品》)

传统说法，释迦在菩提树下得正觉，《法华经》对历来所传释迦的经历也做了新的解释：

> 为度众生故，方便现涅槃，而实不灭度，常住此说法。(《如来寿量品》)

佛从出家到涅槃，无非是为了教化方便。三乘、涅槃，都是为了方便，这种观点，显然与《涅槃经》的宗旨不同，与《般若经》破除一切实体的宗旨也不同。它说：

> 今我喜无畏，于诸菩萨中，正直舍方便，但说无上道。(《方便品》)

三乘归于一乘，在理论上，要把佛教的一切理论，归结为佛智慧。所谓佛智慧即成佛的标志[1]。佛授记之后,还要经历修习,才能成佛。这种成佛观到了中国,经过天台宗的解释,有了很大的改变,把成佛的希望说得更近了。《法华经》提倡众生可以成佛,这又是大乘佛教的共同趋向。

(二)开佛知见与偶像崇拜

《法华经》强调"佛之知见"对成佛的重要性,以"佛之知见"代替"般若"一词:

> 诸佛世尊唯以一大事因缘故,出现于世。诸佛世尊欲令众生开佛知见,使得清净故,出现于世;欲示众生佛之知见故……欲令众生悟佛知见故……欲令众生入佛知见故,出现于世。(《方便品》)

这里再三讲述,令众生"开佛知见""悟佛知见""入佛知见",认为这是佛出现于世的唯一"大事因缘"。佛的知见(佛慧),照《法华经》的见解,它能穷尽"诸法实相",即洞察一切的神秘直观能力。"诸法实相义"是《法华经》的要

---

[1]《般若经》也讲智慧,抬高智慧的作用,认为佛也是智慧的产物。般若被称为"诸佛之母"。《法华经》认为智慧出于佛,众生觉悟,在于"开佛知见",佛被称为"众生之父"。

旨,它:

> 一切诸法,空无所有,无有常住,亦无起灭……观一切法,皆无所有,犹如虚空,无有坚固,不生不出,不动不退,常住一相。(《安乐行品》)

但这里的实相,不同于"性空",而是包括得以体现此实相的"世间相"。

> 所谓诸法如是相,如是性,如是体,如是力,如是作,如是因,如是缘,如是果,如是报,如是本末究竟等。(《方便品》)

上述"十如是",只见于《妙法莲华经》的译文,其他译文不见。如是即在于调和世俗谛与真如的隔阂。现实世界不能硬说它不存在,只是不真实,但这个不真实的世界只是好像(如)存在着,好像有因、有缘、有形状、有性质。不但现实世界是"如",即"实相""真如",也应当看作"如实",而不是真实[1]。"十如是"的提出,促进了佛教认识论的深化。它

---

[1] 这种"十如是"的"实相"观,比起竺法护译的《正法华经》,带有明显的般若空宗的倾向,竺法护译《正法华经》则以"法身"为实相,客观唯心主义的色彩更重。

不再停留在般若学的全面讲空,不停留在"色即是空"的一般说教,它要在空观的指导下,来回答世俗世界的一切问题,试图既不脱离世俗世界,又不肯定世俗世界的真实性。这种认识论,不是纯哲学的思辨,而是宗教哲学的认识论,这种认识论在于指导宗教实践。

> 以诸众生有种种性,种种欲,种种行,种种忆想分别故,欲令生诸善根,以若干因缘譬喻言辞,种种说法,所作佛事未曾暂废。(《如来寿量品》)

为了宣传宗教的缘故,它把佛教宣传中可能遇到的一切怀疑,预先想到,要针对不同根器的信奉者作不同的说教。实相是一,但使人从不同的途径接近实相,仍不能不用说法,做佛事,用种种表达方式去示现佛教的真理。《法华经》把传统的轮回说"五道"或"六道",改划为"十界",即所谓:天、人、狱、鬼、畜、修罗,名为"六凡";声闻、辟支佛、菩萨、佛,名为"四圣"(《妙音菩萨品》)。后来天台宗根据《法华经》的"十如是""十界"加上诸种"世间",发展为"一念三千"宗教哲学体系,进一步丰富了一般与个别的关系的理论。

《法华经》的"开佛知见",是一种建立佛教哲学世界观的理论。它有哲学意义和宗教意义,而宗教意义占主要地位,它的理论的建立,目的在于巩固宗教思想信仰。

开佛知见，为了取得佛教大乘的实相观，以追求成佛的目的；他们还认为，众生的根器不同，对有相当文化的群众有说服作用，但芸芸众生，根器千差万别。《法华经》对文化知识落后的阶层，指出了另一条趋向成佛的途径，即偶像崇拜、偶像供养。它提出建庙、造塔、塑佛像，装饰佛寺建筑，都可以使人得到解脱，最后成佛。即使没有这些物质奉献，信奉者只要虔诚礼拜、歌唱、讴颂佛德，乃至"合掌""小低头"以此供养像，"渐见无量佛，自成无上道"（《方便品》）。

《法华经》之所以得到广泛流行，除了它在理论上有自己的阐发外，还把佛描绘成救世主，除了可以保证成佛外，还可以解救当时现实生活中遇到的苦难，满足现实生活中迫切的需求。《法华经》的后部，《嘱累品》以后的一些篇幅，塑造了一个观世音菩萨，这个偶像出现以后，它在群众中的影响甚至超过了释迦牟尼。释迦牟尼似乎还不及观世音菩萨管得那样具体。

> 以何因缘名观世音？……若有无量百千万亿众生受诸苦恼，闻是观世音菩萨，一心称名，观世音菩萨即时观其音声，皆得解脱。若有持是观世音菩萨名者，设入大火，火不能烧，由是菩萨威神力故。若为大水所漂，称其名号，即得浅处……设复有人，若有罪若无罪，杻械枷锁检系其身，称观世音菩萨名者，皆悉断坏，即得解脱。（《观世音菩萨普

门品》）

佛教有念佛一派，指的是意念、想念，在心中树立佛的形象。这里说念佛，即口中念诵佛菩萨名（"一心称名"），呼唤菩萨名的宗教实践。《法华经》与后来的净土宗念佛名号以求解脱的方式一样。

照佛教的理论，法身无处不在，真如无处不在。为了普及宣传，佛和菩萨可以适应不同众生的需求，现化为不同形体，"若有国土众生应以佛身得度者，观世音菩萨即现佛身而为说法"。它还能"以长者、居士、宰官、婆罗门、妇女身得度者，即现妇女身而为说法"。佛教诸神中，观世音在中国群众中，算是最能接近群众的一位神灵。

> 若有女人设欲求男（希望生男孩），礼拜供养观世音菩萨，便生福德智慧之男；设欲求女（希望生女孩），便生端正有相之女。

佛的形象多庄严、雄伟，为了在群众中树立他的高大形象，不得不表现得与众不同，如三十二相、八十种好，均非凡人所可企及。佛书记载的种种瑞相自不用说，如佛身上"一一毛孔右旋"，凡人怎能办得到？《法华经》塑造的观世音菩萨形象，在中国广大地区被接受、受欢迎，这个神像没有佛那种高不可攀的气势，而是一位慈眉善目、美丽的妇女的形象，把佛与人世的距离拉近了。佛教既照顾到知识上层，也普及到更广大的下层。由于面向下层，它不讲更多的理论，而是用信仰、布施的行动来扩大影响，俘虏群众。

若经卷所住处，皆应起七宝塔，极令高广严饰，不须复安舍利。所以者何？此中已有如来全身。（《法师品》）

求声闻者，求辟支佛者，求佛道者，如是等类，咸于佛前闻《妙法华经》一偈一句，乃至一念随喜者，我皆与授记。（《法师品》）

《法华经》的作者，为了抬高这部经的地位，把它说成佛的最后说教的记录：

佛说是《法华》，令众欢喜已，寻即于是日，告于天人众……我今于中夜，当入于涅槃。（《序品》）

《法华经》就成了"释氏晚年定论"，它讲的道理最圆满，最正确。《法华经》中讲的大量布施、舍身为奴，甚至不惜伤残肢体以供佛，从而博取释氏的欢心。这也正符合南北朝时期僧侣地主阶级利用剥削建立寺院经济的趋势。没有《法华经》的译出，中国南北朝时期的寺院经济也会发展、壮大。《法华经》的一再翻译，更可以从经典中找到重利盘剥的理论依据。如《提婆达多品》中说,佛于过去曾做国王,他宣称"谁能为我说大乘者,吾当终身供给走使"。时有仙人授以《妙法莲华经》,于是国王舍身为奴,"随仙人供给所须,采果汲水,拾薪设食,乃至以身而为床座,身心无倦",作偈曰"若为我解说(大法),身当为奴仆"。后来南北朝时,梁武帝等舍身为寺院奴役,他们找到了经典依据。《药王菩萨本事品》还讲药王菩萨曾想"我虽以神力供养于佛,不如以身供养"。随即服香饮油,以七宝衣缠身,"灌诸香油,以神通力愿而自然身"。时诸佛同为之赞曰:

> 善哉善哉!善男子,是真精进,是名真法供养如来……是名第一之施,于诸施中,最尊最上。

《法华经》还宣传若能燃手指乃至足指供养佛塔,其所获之福德"胜以国城妻子及三千大千国土山林河池诸珍宝物而供养者"。这种教导,果然出现了许多燃指、炼顶、焚身以供佛的。[1]

(三)四安乐行

《普贤菩萨劝发品》对如何修习佛教作了简单概括:

---

[1]《高僧传》卷一二《亡身篇》,《续高僧传》卷二七《遗身篇》。

> 若善男子善女人,成就四法,于如来灭后,当得是《法华经》:一者为诸佛护念,二者殖众德本,三者入正定聚,四者发救一切众生之心。

这里的第一条要求坚信佛的存在,以取得佛的佑护。第二条"殖众德本",包括布施、供养、读经、敬师第多种有利于佛教的奉献。第三条为《法华经》所规定的禅观。第四条是发大愿心,拯救众生。为了把修习的要求具体化、简单化,《法华经》提出了修习"四安乐行"。

《安乐行品》中说,第一,"安住菩萨行处及亲近处"。所谓"菩萨行处"指的是一种精神活动状态。要求修习者能忍辱,不粗暴,不惊恐,无怨恨,无报复,心态平静,不强作是非、善恶分别,深入"诸法实相"。所谓菩萨"亲近处",是指按照佛教的要求,亲近哪些人,不亲近哪些人。不亲近国王、贵族,不亲近诸外道,远离妇女,不看佛教以外的书籍,不亲近二乘人。要亲近"善知识","法师"要行禅观。总之,第一种安乐行,为使"身业"符合佛教准则。

第二种安乐行,使"口业"符合佛教准则:

> 从禅定起,为诸国王、王子、臣民、婆罗门等,开化演畅,说斯经典。

第二种安乐行要积极宣传教义,特别是《法华经》的教义。同时要不说别人的短处，不批评别人信奉的经典的过失，不攻击不同派别的经师，不议论别人的长处或短处，不生怨嫌之心。力求做到无所毁誉。这是对言论的要求。

第三种安乐行，使"意业"符合佛教准则。这里也有两方面。除了"无怀嫉妒谄诳之心"，还要积极发扬救人救世的大愿。

> 当于一切众生起大悲想，于诸如来起慈父想，于诸菩萨起大师想。

上述诸种想，无非要求佛教信徒一切意念符合佛教要求。

第四安乐行，要求深入众生中行大慈大悲，平等说法，解脱一切众生为目标，解脱最上道莫过于《法华经》。

> 此《法华经》能令众生至一切智，一切世间多怨难信，先所未说，而今说之。文殊师利，此《法华经》是诸如来第一之说，于诸说中最为甚深，末后赐与……此《法华经》诸佛如来秘密之藏。于诸经中最在其上。长夜守护，不妄宣说，始于今日，乃与汝等而敷演之。

《法华经》提出的"四安乐行"，务使修习者纳身、口、意三业于佛教正轨，建立坚定的佛教大乘世界观，坚定佛教大乘世界观，集中于禅、观并重：

> 观一切法，空如实相，不颠倒，不动、不退、不转，如虚空，无所有性，一切语言道断，不生、不出、不起，无名无相，实无所有，无量无边，无碍无障。但以因缘有，从颠倒生故。

这里提出的观法，吸收了般若空宗的观点，在于观空，而不同于小乘禅法的"四念住""不净观"。但般若空宗学派的"观"强调理解，《法华经》提出的观法，若密切配合禅定，要求学者"在于闲处，修摄其心，安住不动，如须弥山"。要人"入于静室，以正意念，随义观法"。既重理解又重禅定的理论，特别受到南北朝中国佛教趋向融会的思潮所欢迎。沿着这一趋势继续发展，到了陈隋之际，出现了天台宗，正式以止观为建立宗派的宗旨，以《法华经》为主要经典，从思想发展的线索看，这是很自然的结果。

《法华经》关于成佛顿悟和渐修的论述，前后并不一致，因为它不是成于一时一地一人之手，难免有矛盾之处。如《化城喻品》中主张渐悟成佛：

> 于今有住声闻地者，我常教化阿耨多罗三藐三菩提，是诸人等，应以是法渐入佛道。

在《提婆达多品》中，借用舍利弗的话说：

> 佛道悬旷，经无量劫，勤苦积行，具修诸度，然后乃成。

这里认为成佛将是一个遥远的过程。这也许可以被理解为针对"声闻乘"来说，声闻乘在佛教三乘中，应属"钝根"。在《提婆达多品》中，讲到有一个八岁龙女，听过文殊师利于海中宣说《法华经》，"于刹那顷发菩提心，得不退转……须臾顷便成正觉"。这显然指明成佛是可速成的。

《法华经》没有解决成佛顿、渐之争，这两种思想同时存在。经历了南北朝中国佛教的长期辩论，争论的天秤才把问题逐渐向"顿悟"方面倾斜，到了禅宗兴起，顿悟说越来越盛。后来，华严、天台也不甘示弱，相互吹嘘、推波助澜，又与中国传统性善说相结合，顿悟说终于占有绝对优势。

《华严经》

《华严经》全称为《大方广佛华严经》（Buddhāvatamsaka-mahāvaipulysūtra）。汉译本有两种，第一个译本为佛驮跋陀罗于刘宋初年译出，为六十卷本[1]，第二个译本为唐实叉难陀等于证圣至圣历年间（695—699）译出，为八十卷本。六十卷本为七处八会（即佛在七个地方主持八次集会）共三十四品，八十卷本分七处九会共三十九品。唐译本比刘宋译本内容有所增加，文义也更加流畅。就其影响言，作为以《华严经》形成的佛教宗派所依据的仍是六十卷本。

《华严经》形成六十卷全集以前，现行《华严经》中的一些零散章节已先后译成汉文。如东汉支娄迦谶译《兜沙经》，即相当于今《华严经》的《如来名号品》；吴支谦译的《菩萨本业经》，相当于今《华严经》的《净行品》和《十住品》。西晋竺法护译经中，《华严经》中的成分增加甚多，如《菩萨十住经》相当于《华严经》的《十住品》，《渐备一切智德经》

---

[1] 据赵城金藏本《华严经》分为五十卷，其内容与六十卷本相同，因此本流传不广，佛教界不大有人知道六十卷《华严经》以外还有一种五十卷本。该五十卷《华严经》现收入《中华大藏经》（汉文部分）第十二卷。

相当于《十地品》,《等目菩萨所问三昧经》相当于八十卷中的《十定品》,《如来兴显经》相当于《如来性起品》和《十忍品》,《度世品经》相当于《离世间品》。此外,西秦圣坚译的《罗摩伽经》相当于《华严经》的《入法界品》。姚秦鸠摩罗什重译的《十住经》,后来全部移植为《华严·十住品》。还有一些散品,到唐代还陆续以单行本形式出现,唐般若译有《大方广佛华严经入不思议解脱境界普贤行愿品》,亦称《大方广佛华严经》四十卷本,即《入法界品》的扩大本。可见《华严经》这一部大书,不是一时一地的产物,[1]它是《华严经》学派中流传的许多散本的最后结集。上述六十《华严经》与八十《华严经》,相距二百七十余年,原本都采自于阗。前此介绍《华严经》散品最多的竺法护,据说他通晓西域三十六种语言,号称"敦煌菩萨"。至今除《入法界品》和《十地品》外,尚未发现《华严经》的梵文本。《华严经》可能是公元4世纪,流传在西域一带的佛教典籍,在于阗编纂的。

《华严经》把许多分散的单行经结集为一部大书,它有内在的体系,从佛教修行的次第,可分为三大阶段:从"地前"菩萨诸行,从信敬三宝开始,配合修习十波罗蜜[2],分别讲述

---

[1] 逐渐结集成书的,不止《华严经》,如六百卷的《大般若经》、四十卷的《涅槃经》、一百二十卷的《大宝积经》都是由许多内容相近的单行本不断集合而成的。

[2] 十波罗蜜:在传统的六波罗蜜(布施、戒、忍、精进、禅、般若)中从般若波罗蜜中分出方便、愿、力、智四波罗蜜,合成十波罗蜜。

"十住""十行""十无尽藏""十回向",止于十地。这是对开始修行的人讲的修行步骤。经过"入地"的菩萨诸行,再进入佛界的菩萨诸行,即十地修行圆满,进入佛界,由此获得诸佛神通(十明)和智慧(十忍),并为普救众生兴显出世(如来性起),深入法界("入法界")。

《华严经》通过数的描述提出"无限"的观念。

过去佛经一般用"阿僧祇"(asamkhya)表示数目众多,旧译为"无数""无央数"。《华严经》不满足于这个表达方式,它认为"阿僧祇"还不足以表达"无限"这个意思,它在《阿僧祇品》中,以平方作基数,把"阿僧祇"作为一个通向无限的表达媒介。"阿僧祇"个"阿僧祇"叫作一个"一阿僧祇转"(阿僧祇 × 阿僧祇 = 一阿僧祇转)。"阿僧祇转"个"阿僧祇转"叫作"一无量"。"无量"个"无量"叫作"一无量转"。如此推衍下去,达到"不可称""不可思议""不可说"。它这里形式上是计量单位,实际上是它提出了世界无限的观念。一般佛典多用"恒河沙"譬喻众多,《华严经》则用"佛刹微尘"或"佛世界微尘"。"一佛刹"等于一佛教化的世界,大都指三千大千世界。三千大千世界析为微尘的数量,比起印度一条恒河沙子的数量当然多得不可思议。

《华严经》为了表示佛法的广大无边,佛力无限,在表达计量方式上大大丰富了人们数量概念的想象力。使人们悟出世界的时间无限、空间无限。

《华严经》对世界的复杂性多以"十"来表示。

如"十地""十住""十行""十无尽藏""十回向"等。"十"本来是个数目概念,在《华严经》的体系中,"十"从数量符号上升为佛教神学宇宙观的基本范畴。[1]

从十进位制的数量计算系统看,"十"意味着圆满、和谐、无欠缺,"十"是旧顺序的终结,又是新顺序的开始。在下一个顺序可以看作"十",在上一个顺序看,它又可以是"一"。华严宗利用"十"这个基本范畴,推演出许多"道理"。这种重形式,重间架,颇似汉代哲学的用"五"的方式,五德、五行、五方、五色、五味、五帝……《华严经》充分发挥了"十"在佛教经学中的妙用。

(一)"法身"的解释

大乘佛教认为佛有二三身:法身[2]、报身、应身。"法"相当于"道"(真如),以真心、本觉为成佛的依据,称为法身或法佛;报身,以法身为因,经过宗教修习而获得佛果之身,亦称报身佛;应身,指佛为教化众生而显示之身,亦指释迦牟尼之生身,或变现为世间众生的形象之身。还有一种三身说,

---

[1] 除《入法界品》外,其他各品都由"十"推演而形成体系。如《佛不思议法品》由三十个"十种法"组成;《离世间品》由二百多个"十种法"组成。这种以"十"框架结构的述达方式,使它臃肿、烦琐。

[2] 法身:不同流派对"法身"有不同解释。可参考《大乘义章》卷一九,《成唯识论》卷十。

认为佛有三身，它们是自性身、受用身、变化身。自性身亦称"法身"，指法界、法性。以佛为最高精神实体；"受用身"又分两种，一为自受用，二为他受用。"自受用"指佛累劫修行得到的永恒不变的成果，可以受用无穷。"他受用"指佛为诸修行菩萨现大神通，使他们分享佛的功德成果。受用身中的他受用身，又称为"应身"。"化身"即"变化身"，佛无固定形象，只是为了便于教化各种不同水平层次的对象而变化为各种形象。

据《华严经》解释，佛教出世间和世俗世界的分别是认识者从各自的立场区别而产生的。世俗世界是人的心力业报和虚妄忆念的结果。佛世界是由于信奉者通过禅定或其他修习途径而勾画出来的。所谓佛的身色（佛的形象）外观，如三十二相、八十种好，都是观念中的身。佛的形象，"一切具是妙境界，随其所应悉能见"，"如来一法身，生诸佛身"（《十地品》），"譬如净满月，普现一切水，影象虽无量，本月未曾一，佛身初无二"（《赞佛品》）。

《华严经》集中地描述了一位毗卢舍那（Vairocana），意为"光明遍照"。《华严经》提出以毗卢舍那代替释迦牟尼的地位，并作为"法身"的形象出现。"法身"是普遍永恒的真理、真如的代表者或体现者，也是佛教神学原理的人格化。佛教认为真理既然无所不在，无时不在，它就不应当局限于体现某一事物或某一佛。《毗卢舍那佛品》中描述，佛能于身上任何部位放出"佛世界微尘数光明"，"如是等一一光明各有佛世界微尘数光明以为眷属。一一光明照十佛土微尘等刹"。在佛光明中照见微尘数菩萨。微尘数菩萨中，于"一切毛孔中各生出十佛世界数等一切妙宝净光明云……"世界的存在是佛的光明普照的结果。佛光普照的范围无尽，世界无尽，佛表现出来诸多庄严美好形象，不应把它看作当真的佛的形象，它是真理的体现，道（法）的现实化（身）。因此，法身是客观存在的。

法身是佛法的化身，诸佛由佛法出，而佛法又是一佛的体现。在《华严经》的体系里，世界处在一种无穷无尽的关系之网中。众生必依靠佛的光明（佛智）才可以见真如，得到解脱，众生既然依佛智而产生，众生自身也有佛智。它说：

如来智慧无处不至。何以故？无有无生，无众生身如来智慧不具足者，但众生颠倒……如来智慧，无相智慧，无碍智慧，具足于众生身中。但愚痴众生，颠倒想覆，不知不见，不生信心……我当教彼众生觉悟圣道，悉令永离妄想颠倒垢缚，具见如来在其身内，与佛无异……如来菩提身，无所不在，无处不有。（《如来性起品》之三）

可见如来智慧本为众生本有，与佛无异，只是由于受世俗观念的颠倒观念所障蔽（颠倒想覆），才不得解脱。佛教教人通过宗教修习，反观内省，启发自身已有的智慧，以求解脱。当时宣扬这种观点的不止华严一家，如禅宗的明心见性，也主张这种方法。

《华严经》的法身说,把佛教真理说通俗化,以毗卢舍那为代表,通过形象化的表达方式,阐发佛教宗教世界观。把法身作为毗卢舍那佛、崇拜对象,把佛理客体化为精神本体。《华严经》从宗教实践的立场,提出众生虽有佛性,但需要佛智的启发。《华严经》中展示了两种最高精神实体,一个是"法身",这是客观的精神实体;另一个是"如来智慧",这是主观精神实体。对"法身"来说,"如来智慧"是接受佛光明的主观条件;对"如来智慧"来说,"法身"则是取得自我觉悟的外在条件。这二者没有分出哪一个更根本,这种观点一直是中国佛教所关心的问题。

(二)三界唯心

"三界唯心"是《华严经》用以说明众生流转生死的原因,是世界的本源。

> 三界虚妄,但是心作。十二缘分,是皆依心(唐译为"三界所有,唯是一心,如来于此分别演说十二有支,皆依一心"),所以者何?随事生欲心,是心即是"识",事是"行";"行"诳心,故名"无明";"识"所依处名"名色"(《十地品》之三)

十二缘生是原始佛教的基本理论,小乘、大乘都有各自的解释。《华严经》关于三界唯心的著名论断,实质上是对佛教的基本理论十二缘生说,给以新的概括。把原来仅属于宗教说教的学说,引向哲学命题,使它具有世界观的性质。从竺法护首先译出《十住经》到鸠摩罗什再译《十地经》,都十分看重这个"三界唯心"的命题。

《华严经》认为:

> 心如画工师,画种种五阴,一切世界中,无法而不造。(《十地品》之三)
>
> 一切世间法,唯以心为主,随乐取相者,皆悉是颠倒。(《菩萨明难品》)

按照这一原理,佛如来也是心的创造,"知一切佛及与我心,皆悉如梦……知一切佛皆悉如幻,己心亦尔……诸佛菩萨一切自在无碍境界,皆由己心具甚深智,了一切法"(《入法界品》之三)。这等于说修佛的关键,在于修心,见心即见佛。

> 诸佛悉了知,一切从心转。若能如是解,彼人见真佛。(《十地品》之三)[1]

---

[1] 唐译本"若人知心行,普造诸世间。是人则见佛,了佛真实性"意义相同。

"心"也成了出世间的本源。这一观点,在《华严经》中,也有前后不一致的地方。如《毗卢舍那佛品》之二,曾说:

> 有世界海尘数,因缘具故成,已成、今成、当成,所谓如来神力故,法应如是故,一切众生业行故。一切菩萨成一切智所得故,一切众生及诸菩萨同集善根故。

它认为世界形成的原因是无限多的,世界差别也是无限的。《华严经》用"世界海"表示世界的广大,"世界海尘数"表示无限多。世界的多样性、复杂性及无限性,都起于一心所造。

(三)一多相即

佛的法身是一,佛的应化身是多;如来智慧是一,如来智慧的运用是多。众生的心是一,心的造作是多。它提出把"一"与"多"统一的范畴,由此推而广之,广泛运用于论述一般与个别,全体与部分的关系。

《十住品》中的第七住,列举菩萨必学的"十法",其第一法即"知一即是多,多即是一"。《十回向品》之八,也说"于一法中知一切法,于一切法中亦知一法"。《十忍品》中说"观缘起法,于一法中解众多法,众多法中解一法"。从一与多,进而指出两者的关系。从世界的复杂性看,它是多;从世界"但从一心起"来看,它又是一。它承认世界的差别,又要求把差别统一起来。这样看待一与多的关系,有它的合理因素,因而提出。

> 知一世界即是无量无边世界,知无量无边世界即是一世界;知无量无边世界入一世界,知一世界入无量无边世界……于一毛孔中悉分别知一切世界,于一切世界中悉分别知一毛孔性。(《初发心菩萨功德品》)

从宇宙时间上看有限无限的关系,《华严经》也提出了一些可取的见解:

> 知异劫中有无异劫,知无异劫中有异劫……知一切劫入无劫,知无劫入一切劫。(《初发心菩萨功德品》)

从心理状态上看有限无限的关系,《华严经》说:

> 一切欲即一欲,一欲即一切欲。(《初发心菩萨功德品》)

在大乘佛教的经典中,把个别与一般的关系讲得这样深透,并把它提到哲学世界观、方法论的高度来考察,《华严经》堪称第一。但是《华严经》把十分丰富生动活泼的辩证法讲死了,讲成了僵化的格式。如果从客观实际去观察世界,而不是从概念推论去论述世界,人们可以发现,事物的一与多、全体和局部的确有着相互依存的关系。"一"与"多"有关系,但不能因为"一"与"多"有关系,便混同"多"和"一切"的概念。任何个别事物的存在必然和众多的条件相依存,但不能说任何个别事物的存在,必然以"一切"为条件。在理论上好像更完备无缺欠,而事实上却不可能。这里表现出《华严经》概念的混乱。说全体与部分不可分,但不能由此得出结论说认识部分即等于认识全部,更不能说部分就是全体。《华严经》为了论证其宗教理论,论证"佛法无边",论证一切事物都分享真如的光辉,才尽力缩小世界与出世间的距离,它的用心是可以理解的,但事实上并不像他们所论证出来的那种关系。

《华严经》从"一"与"多"范畴进而论证"相即""相入"的关系范畴。"相即"又称"相是",表示二事物之间的相等或不相离;"相入"又称"相摄""相有",表示二物为另一物所包容的关系。

> 知秽世界即是净世界,知净世界是秽世界……知长劫即是短劫,知短劫即是长劫。(《初发心菩萨功德品》)

秽与净、长与短，性质相反，但《华严经》认为二者相即、相入，仅就其概念上不可分这个意义上说，秽离不开净，净离不开秽，长与短也是互相依存的范畴。范畴的互相依存，不能等同于相互对立的具体事物也互相依存。更不能说对立的事物没有差别。如：

> 解佛法世间法等无差别，世间法入佛法，佛法入世间法。佛法世间法而不杂乱，世间法不坏佛法。（《十行品》之一）

佛法与世间法可以互相转换，所以二者等无差别，但二者又各有自性，所以又不"杂乱"。道理讲到此为止，还可以成立，但它引申发挥便出现了困难。

> 一切世界入一毛道，一毛道出不可思议刹。一切众生身悉入一身，于一身出无量诸身……一切诸入[1]入于一入，令一入入于一切诸入……一切诸相悉入一相，一相入于一切诸相。一切语音入一语音，一语音入一切语音。（《普贤菩萨行品》）

---

[1] 入：感官接受外来的刺激的通道，即感觉活动机能。

他们认为一切事物有统一性，可以互相转换，互相包容。这都是合理的、符合实际的。如果把一与一切的关系讲过了头，必然导致大小不分、长短不分、性质不分，抹杀事物之间的差别，就陷于荒谬。只好得出一切世界可以纳入一毛孔、一念之间可以容纳无限系列时间的荒唐结论。《华严经》为了宣扬佛法有无限威力，超越通常人的时空观念，他们认为（也可以说相信）佛的世界完全不同于世间见解，它是为佛教修行而提出的理论，不是为了认识现实世界、改变现实世界而提出的认识论途径。把世界上诸多现象归结为"一"与"多"的关系，把事物之间的千万差别归结为"相即相入"关系，这样涵摄万有的哲学格式，给后来华严宗的理事无碍、事事无碍的圆融体系提供了依据，客观上为阶级社会的互相依赖、互相补充寻找理论根据。

（四）入法界观

"法界"是 Dharmadhātu 的意译，音译为"达摩驮多"。有多种用法和解释。佛教十八界中之"法界"，特指意识所缘虑的对象，凡是感官的对象及思维理解的对象都称为法界。有时泛指各种事物。界指分界，即事物的类别。各种事物均有它的种类，都有它的特点，如三界、十八界。《华严经》的《入法界品》列在全书的最后部，把"深入法界"作为修行的最后归宿。但《华严经》对法界未做出明确的解释，只可从它论述关于法界的内容归纳出它的含义。[1]

《华严经》认为法界即不变的法性，它是物种性质及佛教道理的实体化。与《大般涅槃经》把佛教教理实体化为"佛性"的处理方式相似。物种性质无限、无尽，法界也是无限、无尽的。在《华严经》中提到"法界"有多处，如"三世法界""诸佛法界""一切法界""无量法界""清净法界""妙法界"以及"法界无量""法界遍至"等。后来唐代的华严宗把法界概括为两大类，按物类性质划分的事物统称为"事法界"；按佛理划分的，统称为"理法界"。这种明确的法界划分法，是后来佛教流派对《华严经》的理论的发挥，《华严经》并没有这样明确分类。

《华严经》把悟入法界、随顺法界，看作修习的关键环节。把"游心清净法界中，所行饶益诸群众"（《十行品》）作为行动纲领。它教人"随顺一切法界，于一切世界修菩萨行""深入无量法界智""分别不可思议法界智""于一念中充满一切法界智""自持一切法界自在智"，作为"普贤菩萨行门"的主要标志（《十回向品》之八），把深入法界当作觉悟成佛的途径：

---

[1] 在《十无尽藏品》中说："何等为无为法？所谓虚空、涅槃，数缘灭、非数缘灭，十二缘起及法界。"唐译本把"十二缘起及法界"译为"缘起法性住"。可见"法界"与"法性住"同义。

入于真实妙法界，自然觉悟不由他。(《十行品》)

要求修行者保持"等法界观"，即是不否认差别，也不肯定差别。用《华严经》的说法，即"不起众生，不坏众生；不起诸刹，不坏诸刹；不起诸法，不坏诸法"(《十忍品》)，对一切存在平等对待。在这种平等观思想指导下，向所有善知识学习。法界广大无边，向善知识学习的东西也无止境，无限量。在《入法界品》中，本来应该集中讲述佛教义理，它却大讲善财童子参学求法的许多过程。它教人体验最高真理，求究竟法，不在世界之外去找，要出世，又不离开世俗生活。世俗生活才是通向成佛之路。为了达到这个目的，不惜向世俗学习，向外道学习。这种入世思想，恰恰投合了当时中国封建传统儒家思想，得到当时有识之士的欣赏，他们认为佛教《华严经》的道理和中国传统观念十分相近。通过参问、学习，可以得到解脱，途径多方。不仅向佛教内部的善知识学习，还可以向佛教以外，社会上一般群众学习，甚至外道、婆罗门、仙人也是学习的对象。这也可以看出佛教大乘兼容的趋向。它提出"唯心观门""法身观门""念佛观门""佛智观门""法性实相观门""般若如幻观门"等。佛教一贯反对苦行，认为靠苦行不能得解脱。《华严经》对苦行也给予一定的肯定。《华严经》认为世间严酷刑法也可以起到调伏众生、救度众生的手段。保持禁欲主义本来是佛教的根本教条，在《华严经》中，也承认有行为放荡的女人可以得"离欲三昧",而给以肯定。

在《华严经》的宗教哲学体系里,凡社会上所有的一切现实存在的事物,都具有引导人们"深入法界"的法门,引导人们进入佛世界。从世俗生活中学习知识,救助众生,实现菩萨行,并从中体现佛理。从而为佛教彻底世俗化提供了经典根据,世间法与出世间法的界限被打破。《华严经》对中国佛教界影响极大。它提倡游方、参学活动,这对于沟通南北佛教流派,加强理论学说交流,起了推动作用。对佛教内部吸收、融通不同流派,促进儒、释、道三教合一,发生过积极影响。也正由于《华严经》采取的包容一切、调和一切的态度,造成它体系臃肿,内容驳杂,有时自相矛盾。这又给后来的华严宗以任意发挥、构造体系的机会。

魏晋南北朝流行的佛教主要经论

任继愈谈魏晋南北朝的佛教经学

《摄大乘论》

《摄大乘论》[1]共有三种汉文译本，第一次译者为元魏佛陀扇多（二卷），第二次为南朝陈真谛译本（三卷），第三次为唐玄奘译（三卷）。印度有世亲为此论作注释，作《摄大乘论释》，也有三种汉文译本，第一次为真谛译（十五卷），第二次为隋达摩笈多译（十卷），第三次为玄奘译（十卷）。影响最大的是真谛的两个译本（一个是《论》，一个是《释》）。

《摄大乘论》简称《摄论》，它结构严密，译文清顺，篇幅长短适中，是法相唯识宗的重要代表作。《释论》贯穿了真谛学派的主张，在唯识学派中，有它的独特的见解。自从玄奘创建唯识宗以来，真谛一派被称为旧唯识学。后来谈唯识者都奉玄奘为始祖，旧唯识学渐被遗忘。事实上，对中国思想界最早发生影响的，应推真谛传播的《摄论》。

（一）阿黎耶识的建立

佛教讲的"识"，是一种广义的认识活动。它不仅有观

---

[1] 《摄大乘论》：梵文为 Mahāyāna-saṃparigraha-śastra。

照、反映的意义，还包括痛痒、苦乐等感受、判断道德是非善恶的价值、利害取舍，它是一种综合的社会认识活动。

《摄论》的理论，在中国哲学界发生影响，主要在于它把人类认识论的过程讲得比较充分，这种理论，丰富了中国哲学史的某些方面。

大乘佛教空宗一般承认"三界虚妄，但是一心作"（《十地经论》释第七地）。但"三界"怎样被"心"创作出来的，这个"心"的性状如何，需要具体说明。佛教唯识学派力图解决这个课题。

传统佛教把人的"识"分为六个部分，眼、耳、鼻、舌、身、意，称为六识。这六识多偏重在主体方面的能力、作用，而没有很好地解释主观认识者与被认识的关系，更不利于消除世间与出世间的隔阂。《摄论》学派要在佛教传统的六识的基础上再增加新的认识功能，为精神创造物质的学说找寻理论根据。

真谛译有《转识论》，分识为三类：（1）"果报识"，即阿黎耶识，第八识。（2）"执识"，译为阿陀那识，第七识。（3）"尘识"，即眼、耳、鼻、舌、身、意等六识，称"前六识"，是指在第七、第八识之前的六种识。这八识之中最主要的是阿黎耶识，是众生遭受因果报应的受报者。可见佛教的认识论是为宗教服务的宗教哲学。

《摄论》认为佛教旧的"六识"说，不能圆满解释众生轮回的教义。佛教不承认有灵魂存在，主张一切无常，即使有灵魂，它也是无常的，不是永存的。佛教又主张众生受轮回之苦，没有一个受轮回之苦的主体（承受者），轮回之说就有困难。这个矛盾本来是佛教自己制造出来的。佛教为了补救这种困难，想尽了办法，唯识学提出的八识说，就是办法中的一种。

传统的十二缘生说，解释三世因果，回避了轮回的主体。《摄论》企图在十二缘生的过程中，找出轮回的主体来。《摄论释·引证品》说，十二缘生说既讲"名"，又讲"识"，说明二者不是一回事。"名"指"五阴"中的"非色四明"（受、想、行、识），只是与"色"（物质因素）并列，构成有情的精神因素，和"六识"相应。"名色依识生"，则表示"识"是"名"和"色"的共因。"识依名色生"，是指"识"又凭借名色得以流转，"识"是在名色之上，使名色得以实现的依据。由此推论，"六识"之上，必须另有一种识[1]作为轮回的主体，而物质性的"色"之上，还应有个更高层次的实体。

佛教传统所谓"六识"，认为是生灭无常的，不能说明全部精神活动的整体性和连续性。像经验的积累、记忆的储存、行为的连贯性、无意识或潜意识诸现象，都不好用已有的"六识"来说明。需要在六识之外建立一个统摄一切心理活动的识体，称为阿黎耶识。阿黎耶识的创立，对于推动佛教的宗教认识论向更深的层次发展，具有重大意义。也可以说在印度佛教

---

[1] "六识"之外还有其他的知识，印度其他流派也有过各种主张，摩诃僧祇部称为"根本识"，弥沙塞部称为"穷生死阴"，正量部称为"果报识"，上座部称为"有分识"，一般俗人误执为我的那种识，也是非六识的识。

大乘体系里，它已走到了顶端。佛教世界观本来是虚构的，从整体来看，它漏洞很多，难以成立。就它局部范围来看，它对心理学、逻辑学、认识论的某些环节，曾有过比较深入的探索，提出过一些有价值的见解。正如一幢楼房，构造宏伟，而根基不固，经不起风雨，不能居住，起不到楼房的作用。但其中砖木材料拆除下来，用在别的建筑上，还有用处。

《摄论》学派为了弥补传统佛教六识说的不足，提出八识说，为了建立八识说，提出了"熏习"和"种子"的概念。"熏习"和"种子"唯识学派用作哲学范畴。"熏习"和"种子"本来是一种比喻，如用花熏衣，花香缕缕升起，令衣着香，花体坏灭，香仍残留衣中，这种作用叫作熏习，此香气叫作习气。人类认识也有类似之处。通过经验的长期熏习，形成观念、习惯，即使离开了直接经验的情况下，熏习留下的观念依然保存在识念之中，名为"习气"。又譬如植物的种子，本是植物的果实，它在适宜的条件下，还会生出新的植物来，又结出同样的果实。储存在识中的习气，也像种子，在特定条件下，会按照观念的体系，引生出与它自身相应的生命体（"根身"）和周围世界（器界）。由熏习而生种子，由种子而生果报，形成循环系列，构成轮回的链条，众生由此受苦受难，不得解脱，这是世间产生的原因。

"熏习"成"种"，由"种"成"果"，都来源于识（人类长期形成的精神力量）。这种能力来自哪一种识？《摄论》认为佛教传统的六种识都不具备这种创造世间的职能。前六识没有前后相续的功能，而且"易动坏"，又互不相通。前五识各缘自境，各有固定的对象,眼不能听,耳不能见。如脱离自境,自性即消失,所以是"易动坏"。各识之间互不相通。第六识(意识)与前五识也互不相通。意识也有"易动坏"的缺点。像睡眠、醉梦、暂死,坐禅时可以出现使意识不起的境界(无想定、无想天)。各个识生灭相续,按前后顺序次第进行,六识不并起。六识不能成为受熏的对象,起到摄持种子的作用。以贪、嗔、痴为例,它们必须依附于识而存在,与识同生同灭。由于"六识"易动坏,不相联属,中间有隔阻,如世间的烦恼、"惑""业"应当有一个被储存的场,否则,轮回将没有被轮回的主体作为受者。这就使佛教失去了用轮回教义推行其宗教宣传的凭借。

阿黎耶识唐代通译作阿赖耶识,意译为藏识、宅识,随其功用不同,还称为本识、显识、果报识、种子识等。"应知依止,立名阿黎耶识"。阿黎耶识是三界六通凡圣众生一切事物赖以产生和变化的最后根据,也可以说是世界的本体。佛教不承认现实世界是真实存在,当然也不承认现实世间有所谓永恒的本体。佛教所指的世界的"依止"有贬义,不是中性词义。

> 此界无始时,一切法依止。若有诸道有,及有得涅槃。(《众名品》)
> 诸法依藏住,一切种子识。(《众名品》)

这是说,阿黎耶识从来就是万物存在的根源。此阿黎耶识是三界六道的总根源。阿黎耶识之所以作为世界万物的总根源,是由于言说熏习的作用所致。比如说"眼"这个名称，经常由"眼"这个名称的音声的熏习，有了眼的种子。一切世间，都由言说熏习阿黎耶识而示现，它储存在阿黎耶识中。种子、熏习所包括的"一切种子"，也就是一个概念体系。阿黎耶识的存在，实即概念体系的存在。万物来自熏习，但最初的熏习是从何而起？有没有造成熏习的熏习？《摄论》认为有所谓"无始熏习"，力图把熏习说成没有开端。这种解释可聊备一说，但不能解决既要熏习又无开端的逻辑矛盾。《摄论》把概念实体化，夸大概念的作用，熏习和种子，都是概念转化的不同形态。

一切染污法，都作为种子，藏于阿黎耶识中，它又是对后来染污的根据，引生未来的果报，所以又称"果报识"，阿黎耶识所以成为万物之源，就在于它作为摄持种子、积藏种子引生果报的主体上。有什么样的熏习，就有什么样的种子，不同的种子产生不同的果报。因为人类任何行为必产生相应的社会效应，有善有恶，有非善非恶，形成无尽链条，从而引起业报轮回，生死相续。本识与能熏相互为因，互相依持，称阿黎耶识的自相。熏习既是阿黎耶识的成因，又是阿黎耶识自身显现的一种功能，阿黎耶识自己产生自己，并以自己所产生的结果作为自己存在的根据。

佛教大乘认真地提出了唯心主义的世界起源说和世界构成说，力图抹杀世界存在的客观性、物质性。它把认识作用的主观、客观关系，转变为认识主体内部功能互相引发的关系。

心、性、识、情、意志一系列的心理活动，都得到进一步的探讨,把认识作用从外界探索引向内心反观。它的哲学体系并不见得被广大中国人士所接受,但他提倡的深入剖析人的心理活动,把认识论、道德观、人生观融合在一起,这种方式与中国的传统思维方式十分接近,从而起了佛儒两家互相渗透的作用。

佛教宣传"成佛",儒家提倡"作圣"。成佛、作圣是佛儒两家号召群众去追求的目标,而两家所倡导的修习方法、行为规范,都教人为善去恶,却又十分接近。判断善恶行为完全以中国封建社会的上层建筑的要求为准。出世哲学与入世哲学并不那样隔绝,这两家确有通家之好。

(二)识与智

《摄论》认为八识中的前五识,有它的共同性,意识又有它的特性。

> 眼等识以色等识为相,以眼识识为见,乃至以身识识为见。若意识,以一切眼为最初,法为最后,诸识为相。以意识识为见。

眼等前五识,各以自己的对象为"相",亦各以自识为"见"。意识则以一切对象为"相",以意识为"见"。此等认识的对象(相)和认识的活动(见),都是认识体自身的功能或作用,与"外尘"无关。真谛在《转识论》中说:

> 一一识中,皆具能听。能分别即是识,所分别即是境。

《摄论》学派认为前五识(眼、耳、鼻、舌、身)各自所取境(色、声、香、味、触)都属于纯粹的识,这种过程不夹杂任何意识的干预。只有意识能分别:

> 种种相生者,但意识是……以缘境不定故。其余诸识定缘一类尘,不能分别。能分别则成见,不能分别则成相。(《释论·释应知性相·差别章》)

前五识只能接触自己那一部分对象缘自境(一类尘),所以不能分别。意识"缘境不定",所以"种种相生"。意识所生出的种种相,都是前五识提供的见相材料,经意识的"分别"加工而成。这是说只有意识"能分别",并即以此能分别作为自己的"相分"。因此,阿黎耶识以及意识前五识,都有变现对象的能力。只是各个识的功用不同,变现的方式不同。《摄论》学派把客观事物的一切存在,都解释成识所变现出来的,提出了"唯识无尘"的唯心主义命题。

确立"唯识无尘"的世界观,被认为是一种智慧的完善过程。建立唯识观,需要智慧,被建立的唯识观又引发新的智慧。成就最高智慧,就会灭尽一切染污,获得如来三身[1]。

《摄论》学派充分发挥他们的"唯识无尘"的观点主张,提出有四种智:

(A)"相违识相智"。对同一境界,由于识的主体不同,所见也因而发生差别。由此推论出境可以随识变异,从而否认有客观的共同确认的"境"(对象),他们举例说:

> 譬如一江水,"饿鬼"[2]谓是脓血,鱼等谓是住处,人谓是水,天[3]谓是地。
> 随所分别,各成一境。若境是实,应互相妨。不应一一处一时并成四境。(《释依慧学差别胜相》)

这是说,对一江水,可以同时表现为脓血、住处、水、地四种境。

(B)"无境界识智"。认识的活动并不都由现前的实境引起,例如对过去、未来和梦幻物的认识,即属于"无境界

---

[1] 三身:不同佛教派别有不同的"三身"的解释。按唯识学派解释三身是自性身、受用身、变化身,指达到佛的精神境界,与真理为一,永恒常住,又应变无穷。

[2] 饿鬼:佛教宣传的生物界中永受饥饿的一种生物,食物对它来说有时变成火、脓血等不能食用的东西。

[3] 天:佛教宣传的生物界中的住在天上的一种生物,寿命比人长得多,也有像人的情感欲望。地上的江河,从天上看,即是地的一部分。

识"。也就是说，识由尘生。

（C）"离功用无颠倒应成智"。人的认识并不都是如实而无颠倒。认识发生差错（颠倒），不能说由尘引起，而是由识者主观造成的。如果说"尘"（对象）为客观存在，"识缘尘起"，那么，认识就不应有颠倒，因为客体是客观存在，没有颠倒的问题，差错出在认识者这方面。应由识负责。

（D）"义随顺三慧智"。三慧指三种禅观。在禅观中，诸尘可以随禅观而改变其性状，如水变为土，青变为白等。各种道理可以随"思维义"显现。如不净、无常、空等；在禅观中也可使一切尘不显现，如无分别观中的无分别智等。

上述"四智"，在揭示主客矛盾，揭示认识过程的复杂性，防止简单化方面，有其贡献，因为它深入地发掘了人类认识的能力和局限，提出了主观条件对认识所起的能动作用，也指出认识受主观条件的多种制约。不同的人，不同的认识者对同一对象的认识，有深浅，有差别，有时对立，即使同一个人对同一对象的认识，也不会在一切时间、一切条件下完全一样。它告诉人们不能单纯从客观对象一个方面来理解认识活动，主观方面发生了偏差，对同一个对象也会得到不同的结论，教人从主观方面找原因。形成主观差别的原因多种多样，如社会条件、阶级立场、个人感情的爱憎、文化修养、思想方法、知识结构、能力高下，对认识都有关系。如果否认人们认识的主观因素的作用，就可能出差错。《摄论》学派从唯心主义立场来论证认识问题，大方向错了，但从他们所提出的问题来看,我们唯物主义者应认真对待。

《摄论》学派树立唯识观,把它当作佛教修习的任务,并把它分为几个阶段。要达到清净圆满的精神境界,首先要修方便道。途径是:

> 多闻熏习所依止……正思维所摄,似法及义显相所生,似所取种类,有见,意言分别。(《摄论·应知入胜相》)

多闻大乘法熏习所生种子,把它摄藏于"正思维"[1]中,以接近佛教教义文字显示出来,使它成为意识觉观思维的对象,通称为"意言分别"。这是说,以佛教教义为观想内容,建立唯识观。

为了达到清净圆满的精神境界,还要继续修习。佛教教义是"名言",名言自身的性质,还须探究。《摄论》学派提出了"名"与"义"的关系。在《论释·释应知入胜相·入方便道》中说,一般认为"言说皆属义,故名与义相应"。事实上,"名"与"义"各自独立,"名义互为客",互不相属,二者不同体,如果说名与义同体,"未闻名时,于义中名智应成"。"又名多故,义亦应多";"又名不定故,义亦应不

---

[1] 正思维:佛教的"八正道"之一,用佛教原则思维。

定"。名与义生起的先后看,若先已有义,后以"名"显,则执"义"即是能了,何须后更立"名"?若此执不能了"义","名"岂能了?事实上,人虽能了知此"名",未必能了知此"义"。"若名定能了义,由此名不应有人有识物、有不识物"。由此推知,"名"与"义"应相异。"世间为显此义故,于此义中立此名,为想见言说故"。世人为了"想见言说"的方便,立某名以显某义。"义"是由名决定的。

若世间不安立色等名,于色类中无有一人能想此类是色。

世闻于色类中给予一个"色名"才有了色类[1]。名义、自性、差别,都是"假立言说",是主观意识分别的结果。世间只有"意言分别"的存在,没有一个客观独立的存在。《摄论》学派指出了名义间有差别,这是对的。但把二者完全割裂,否认两者的同一性,这就错了。《摄论》学派,不像般若学那样,把名、义完全看作假有、不实,它只是把"义"列在语言认识所达不到的领域,"谓色、受等类,色非色不可说,法非法不可说,有非有不可说"。没有直接否认在言语之外"义"的

---

[1] 类:《摄论》学派把"类"当作为非语言所能表达的概念来使用,在"类"的意义讲"义",同语言表达的"义"不是一回事。但"类"的确切意义,没有解释。后来,玄奘的译本中,没有"类"的概念,或所据梵本不同。

存在。

从方便修习的阶段,再提高,使"似唯识意言分别亦不得生",修习者"唯住无分别一切义名中",从而达到"唯识见位",即"见道"。它的根本标志是摆脱语言中介,直观亲证真如实相。由于各学派的宗旨不同,他们心目中的实相的涵义也不相同。《摄论》学派认为:

> 菩萨见一切法,但见(意言)分别,无复外境。外境不成,故分别亦不成。若菩萨见内外无所有,则无所着,即是无分别智。

这是一种神秘直观认识。智与相应之境对,无分别智所对之境不同于一般具体的境,它是"不可言说性""法界真如""真如境",成就了无分别智,自然也证得真如境。这种境:

> 是智于真如境中平等平等生,无异无相。(《释依慧学差别胜相》)

这时境与智浑然一体,能缘与所缘无分别,"不分别一切义,义即是境。此智于一切境无复能取、所取二种分别"。这种主客合一,浑然一体的精神境界,"无分别智"不是低级的无意识或下意识,也不是熟眠、昏醉、灭心定等离心的无所思维、无所知觉的状态,不同于形若木石无知。"无分别智"都是"唯识真如所显",不同于世间的有分别的一般认识。佛教修习的目的,即转变世俗人的唯物主义认识论为唯心主义神秘主义的宗教世界观。

《摄论》学派教人通过转识成智的途径,得入唯识观。

> 为除灭其本阿黎耶识中一切有因诸法种子,为生长能触法身诸法种子,为转依,为得一切如来正法,为得一切智智,故入唯识观。

用如来法身的种子,替换掉阿黎耶识中的一切染污种子,以"无分别智"为体,以真如智为体,可以"见道"。无分别智是由识成智的转折点,这时已达到成佛的初步阶段(初地)。达到初地境界,"见真如即尽。何以故?真如无分数故。若见真如不尽,真如则有分数……则同有为法"(《释入因果修差别胜相·对治章》)。真如具有全体性、普遍性,不同于有为法有局限、属于部分。如见真如,须见真如全体,不能只见一部分。竺道生讲顿悟,曾说过:"夫称顿者,明理不可分,悟语极照。以不二之悟,符不分之理。"[1] 也有同样的理解。

修习的最后成果,即达到佛地,得到"三身",具备常、乐、我、净四德。这四德,不从种子生。

---

[1] 见陈慧达《肇论疏》引道生语。

《摄论》学派遇到一个无法解决的难题。阿黎耶识是种子，种子也是熏习，互为因果。阿黎耶识的本性，是染污的，是轮回的根源。他们又说，要转识成智。此八识如果是污染的，如何能转成清净无污染的真如？常、乐、我、净四德是从哪里产生的？成佛如何可能？所谓"三身""四智"的依据何在？

　　对这样的问题，《摄论》无法解决。但是《摄论》在南北朝后期，比较详细地、深入地提出了认识论方面的许多见解。有些见解虽然它不正确，但是深刻的，它深化了认识论。这也对中华民族的抽象思维有所推动。它启发了后来隋唐佛教法相唯识学派，自不待言，《摄论》学派的历史意义和影响，不限于佛教内部，它对当时哲学界也有影响。因为隋唐哲学思想的中心问题是心性论，对心性论进行探索而有贡献的，不止《摄论》一派，而《摄论》学派无疑是其中的重要学派。

《十地经论》(《地论》)

(一)《地论》的传播

《十地经论》是南北朝时期流行颇广、影响深远的一部佛教经论。由于流传广泛,对这部经典的解释也出现了分歧,形成不同的两大流派。这两大流派各有师承,给佛教理论界提出了一个长期争论难决的问题,即佛性问题。这虽是个虚假问题,但它是佛教在理论上的要害。玄奘《启谢高昌王表》中,说他西行求法的目的是:

> 去圣时遥,义类差舛,遂使双林一味之旨,分成当现二常;大乘不二之宗,析为南北两道。纷纭争论,凡数百年[1];率土怀疑,莫有匠决。

这里讲的"大乘不二之宗,析为南北两道"。即指《十地

---

[1] 《泥洹经》译于 427 年,至玄奘出国西行在 624 年。

经论》学派的两大派别,争论了几百年。从南北朝直到唐初,没有取得一致的结论,不得不向佛教的发源地去寻求答案。

直到《十地经论》的译出,由于对佛性理解的不同,分为南道和北道两派,这个神学问题(佛性问题)发展为世界观、本体论的对立。玄奘到天竺寻求真理,自以为得到解决。事实上,这是谁也解答不了的问题。不是玄奘辈无能,而是佛教的信仰主义障蔽了思路。因为佛性,成佛的可能性,本来是假问题,对假问题做出任何严肃肯定的解答,都是错误的。

假问题所曲折反映的社会现实并不假。像成佛是否可能,要经过哪些阶段,这是假的,但人们要求摆脱苦难,要求解脱,盼望有一天得到精神上的自由,这种愿望却是真实的。我们的任务,在于透过假问题,探求社会历史的真相。佛性问题的提出,意味着中国哲学发展的新阶段和提出的新课题。

关于《十地经论》的翻译,按崔光的《十地经论序》,北魏宣武帝于永平元年(508)命三藏法师菩提流支和勒那摩提,及"传译沙门北天竺伏陀扇多并义学缁儒一十余人,在太极紫庭译出……四年首夏,翻译周讫"。这部十多万字的经论,用了近四年时间。

北朝重义学,从魏孝文帝(471年至499年在位)开始,《魏书》本纪称他"善谈老庄,尤精释义","每与名德沙门谈论往复"(《韦缵传》)。魏宣武帝(500年至515年在位)"雅爱经史,尤长释氏之义,每至讲论,连夜忘疲"(《魏书·世宗纪》)。他曾"于式乾殿为诸僧朝臣讲《维摩诘经》",又曾主持《十地经论》的翻译。由此可以看出《维摩诘经》和《十地经论》在当时流行的程度。宣武帝以后的孝明帝（516年至528年在位）稚年即位，灵太后掌权，这位妇女也"略得佛经大义"（《魏书·灵太后传》），相承袭的三代皇帝都信佛教。当时大臣崔光也喜欢讲《维摩》《十地经》，并为二经义疏三十余卷。534年，北魏分为东西两个王朝。在东魏的菩提流支等翻译家随迁邺都，西魏也崇奉佛教，令昙显等"撰菩萨藏众经要及百二十法门，始从佛性，终尽融门"（《续高僧传》卷一）。研究的中心还是佛性论。

菩提流支到洛阳时（508）即得到北魏统治者的支持，《十地经论》得到推广。历东西魏及北齐、北周，得到重用的僧人也多为《十地经论》学派。

整个北朝，《十地经论》研习成风，涌现了小量地论师，其中最著名代表人物有道宠和慧光。

道宠，俗姓张，名宾生。出家后，从菩提流支学《十地经论》，并自开讲席，其弟子堪可传道有千余人。著名的有僧休、法继、诞礼、牢宜、儒果等。这一派称为北道系。

《续高僧传》：称"宠在道北，教牢宜四人；（慧）光在道南，教凭、范十人，故使洛下有南北二途。"[1]北道系统的著疏

---

[1] 据《魏书·释老志》载，自北魏宣武帝至东魏末年（约500—550），知名沙门十二人，有菩提流支、慧光，而无道宠。或为一时疏忽。地论学派分为南北两道，在隋唐已被公认。

没有保存下来,史传[1]记载的有师徒承传关系,其学说内容却没有记载。地论南道系创始者慧光,门徒遍及全国,其影响不限于北方。历经魏、北齐、北周、隋、唐,传播时间也最长。

慧光,原定州人,从佛陀出家,后又转入勒那摩提门下。据《续高僧传》卷二一:

> 会佛陀任少林寺主,勒那初译《十地》,至后合翻……时预锋其席。以素习方言,通其两诤;取舍由悟,纲领存焉。自此《地论》流传,命章开释,《四分》一部,草创基兹。

慧光在菩提流支与勒那摩提双方发生分歧,慧光从中加以疏通,能够掌握《地论》纲领。慧光既学《地论》,又宣传《四分律》,[2]他是重义学又重律学的僧人。道宣说:

> 自正道东指,弘匠于世,则以道安为言初;缁

---

[1] 史传:指《续高僧传》。《续高僧传》卷一一,志念"爱至受具,问道邺都……又诣道宠法师学《十地论》"。

[2] 从慧光的著作也说明《高僧传》记载符合实际。慧光著述甚多,注疏有《华严》《涅槃》《维摩》《十地》《地持》《胜鬘》《遗教》《温室》《仁王般若》,这也是当时地论学派学习的范围。另有关于戒律的《四分律疏》,删定《羯磨戒本》,著有《律义章》《仁王七诫》及《僧制》十八条。著有《玄宗论》《大乘义》等。

素革风,广位声教,则慧光抑其次矣。(《续高僧传》本传)

道宣把慧光比作道安以后的第二人,这种过高的赞誉,应当指他对佛戒律、整顿僧团的贡献来说的。

慧光在东魏末年,任国僧都,后召入邺,任国统。他一生宣传《十地经论》,入室弟子见于僧传的,有僧范、昙遵、慧顺、道凭、灵殉、法上、道慎、昙衍、僧达、安廪、冯兖、道云、道晖、昙隐、洪理等。地论南道得到历代朝廷的倚重,被国家任命为各级僧官,包括大统、国统、国都、州统等为数最多,这说明他们与朝廷上层联系十分密切。同时,他们也还注意普及宣传。经常游化江南江北各地。慧光弟子法上,成为魏、齐两朝的僧都,掌管僧尼二百余万。法上著有《佛性论》二卷、《大乘义章》六卷,残存有《十地经义疏》一、三两卷。

北朝周武毁佛,北方部分僧众到南方避难,其中也有地论学派名僧靖嵩、法贵、灵侃等三百余人。当时南朝真谛传播的《摄大乘论》盛行。北方地论学派与南方摄论学派得到交流机会。隋朝统一全国,靖嵩、灵侃等二百余僧重返江北。地论学派与摄论学派相互交流,这是南北朝末期的佛教新思潮。政治上,是北方统一了南方,在学术上,也差不多以北方地论为主,吸收南方摄论,构成了隋唐佛教的格局。

(二)《地论》南北两派的思想分歧

地论学派南北两道的分歧,不应仅仅看作承传、派系的不同,还应看到两派对佛性理论上的差别。[1]玄奘《启谢高昌王表》中明确指出南北两道的分歧之理论上的不同。道宣《续高僧传》中说:

> 宠在道北,教牢宜四人,光在道南,教凭、范十人。故使洛下有南、北二途,当现两说,自斯始也。四宗五宗,亦仍此起。

玄奘、道宣都是当时博学僧人。他们都说地论学派的南北二道关于成佛在将来(当)还是现世(现)的看法不同而发生争论。自从《大般泥洹经》传入后,引起南北朝人士普遍关

---

[1] 地论南北两道,有以下几种说法:(1)《法华文句记》相州(邺都)通往洛阳有南北两条道路。道宠系散居北道,慧光系散居南道。(2)在洛阳初传时,即分为南北二道,与邺都无关。见《续高僧传·道宠传》。(3)近人推测,菩提流支在洛阳住永宁寺,在御道北,勒那摩提可能住白马寺,在御道南,南北道的区别在道宠与慧光以前已经存在。这种推测缺乏根据。因为道宣明白说南北道的分别是在道宠与慧光之间发生的。而道宠大力宣传《地论》,当在去邺之后,唐初称南道,亦指洛阳向广州的通道。慧光思想体系与南方真谛相近、后人据此划分南北两道。此说较有据。

注,对佛性论开展广泛讨论。此"常"即佛性。所谓四宗五宗的划分,是佛教中的一派对其他教派的看法,由此产生的褒、贬。慧观创二教五时,判《华严》为顿教、《般若》为渐教之"三乘通教",地位略高于小乘教。《涅槃》则为"常住教",是佛于渐教中的最高最后说法。这种判教,抬高《涅槃》,贬抑《般若》。捧大乘有宗,贬大乘空宗。南北朝中后期,佛教空有问题退居第二位,佛性问题推到第一位,刘宋道生开始已有这种倾向。大乘中观学派的衰落,涅槃佛性学说引起佛教界的普遍关注。从南北朝到隋唐时期,佛性问题上升为中心问题。不同的流派从各自的观点做出不同的解释,由此而产生了四宗、五宗。如净影慧远在《大乘义章》中说,第一立性宗,亦名因缘:

> 小乘中浅,宣说诸法各有体性;虽说有性,皆从缘生,不同外道立自等性。此宗当彼阿毗昙也。

第二破性宗,亦曰假名:

> 小乘中深,宣说诸法虚假无性,不同前宗立法自性;法虽无胜,不无假相。此宗当彼《成实论》也。

第三破相宗,亦名不真:

> 大乘中浅，明前宗中虚假之相亦无所有，如人远观，阳炎为水，近观本无，不但无性，水相亦无……虽说无相，未显法实。

这一宗当指《般若》《中论》一派大乘空宗。第四显实宗，亦名真宗：

> 大乘中深，宣说诸法妄想故有；妄想无体，起必托真。真者所谓如来藏性……此之真性缘起，集成生死涅槃。真所集故，无不真实，辨此实性，故曰真宗。此中如《胜鬘》《鸯掘魔罗》《涅槃》等。

这是当时"四宗"的说法。

还有"五宗"之说，是把《华严》独立出来，别为"法界宗"。一般认为这是地论北道的主张。法界缘起为华严中心思想，其中《入法界品》把"法界"解释为世间和出世间的一切"善知识"，因而有强调后天学习，向世俗外界探索的倾向。与地论南道的"真性缘起"确有差别。

隋吉藏（549—623）述地论学派判教，有"三宗""四宗"之说：

> 三宗者，一立相教，二舍相教，三显真实教。

> 为二乘人说有相教；《大品》等经广明无相，故云舍相；《华严》等经名显真实教门。四宗者，《毗昙》是因缘宗，《成实》谓假名宗，三《论》名不真宗，《十地论》为真宗。(《大乘玄论》卷五)

三宗说以《华严》为究竟，当属北道主张；四宗之说与南道慧远说大同。

佛性论的"当""现"之争，吉藏认为"若执本有，则非始有；若执始有，则非本有。各执一文，不得会通经意"(《大乘玄论》卷三)。隋朝全国统一，佛教各学派趋向调和。吉藏采取一种调和主张，认为"本有""始有"两说不是对立的。

> 佛性有二种：一是理性，二是行性。理非物造，故言本有；行借修成，故言始有。

这里讲的"理"和"行"的两分法，除地论学派外，早期禅宗的达摩禅法，也讲"理入""行入"。天台宗止观并重，"止"相当于"行"，"观"相当于"理"。可以看出理行并重，也是一种思潮。吉藏提出"理性""行性"的解释，以理性为本有，行性为始有，应当是他一家之言，地论学派南道与北道的纷争，并未因吉藏的调和而消失。对当常、现常的理解，地论南道北道都自以为有经典依据。纷争起于对阿黎耶识的理解。

印度佛教大乘有宗以阿黎耶识为万法根源,许多经典中都有记载。这个阿黎耶识是杂染的,还是清净的,引起了争论。地论北道认为阿黎耶识是杂染的,"阿黎耶为无明"(《翻译名义集》卷六),佛性必从将来得到。地论南道认为阿黎耶识是清净的,只要通过修习,此本来清净的佛性即自然显现。这个问题在南北朝末期,已成为佛教徒普遍关心的问题。

与北方地论学派旗鼓相当,流行于南方的有《摄大乘论》,摄大乘论学派简称摄论,以第八识为杂染,以第九识为纯净。这里出现了地论与摄论两派对阿黎耶识的理解不同。地论南道的法上,在《十地论义疏》释心、意、识,认为:

> 心者第七心,意者第六意,识者五识识。故《楞伽经》云,心为采集主,意谓广采集,现识分别五。离此七种,转识成智。(《十地论义疏》卷一)

法上在释《华严》六相的"同相"时,说

> 缘起者,第七阿黎耶识,是生死本也……真如者,佛性真谛,第一义空也。

他所谓"第七阿黎耶识",指为第七无明障蔽的"第八识"。所谓"佛性真谛",指清净阿黎耶识,或曰如来藏,即第八识的本净状态。传统佛教的缘生说,以"无明"开始;后起的佛教以"一心"为缘生的开始。早期无明源出于杂染说，似不及"妄依真有"说（真有为如来藏）更能自圆其说。从无明缘起发展为如来藏缘起，是佛教在理论上的发展，佛性（真如）广大无边，包容一切。

隋代净影慧远，对第七、第八识的性质，有更详尽的发挥。他把八识分为两大类：前六识随根受名[1]，而七、八两"识"[2]就体立称。前六识称为"事识"，是对具体事物起分别作用。第七识，其体是无明痴暗，它把妄心所执的相，当作真实，造成因果报应，总称为妄识。关于第八识，名为藏识，它纯净无染，是世间法存在的依据（妄依真有），又称为"真识"。

慧远的观点与南北朝流行的《起信论》有一致之处。他讲的第八识，相当于《起信论》的"心真如门"。《起信论》的"心生灭门"可看作心真如另一种显现的方式。慧远企图调和地论与摄论的分歧，把摄论的观点引入地论。不论南方的摄论学派或北方的地论学派，所讨论的中心都是佛性问题。

真谛宣传的摄大乘论，在八识之外又增加了一个第九识，把第八识与第七识都看成妄识，第九识才是心真如性体。地论学派中，有以第八识为真，有以第八识为妄，第九识为真。

---

[1] 随根受名：眼、耳、鼻、舌、身、意各以其器官得名，眼识得名于眼根，耳识得名于耳根，余类推。

[2] 七、八识：由它们各自的性质而得名。

我们没有必要分别哪一种更正确,严格说都不正确。但可以断言:当时许多流派中,不论是论真心缘起(或称如来藏缘起),还是染心缘起(或称为阿赖耶缘起),都在探索佛性问题。佛性问题成了南北朝佛教诸多派别关心的总课题。

《十地经论》学派所讲的道理,是佛教传入内地几百年逐渐形成的一种思潮,用解释《十地经论》的方式而建立的思想体系。它是儒家经学在佛教经学的翻版。中国儒家经学以述为作。王弼注《易》、注《老》、注《论语》,郭象注《庄子》,都是借题发挥。有的注解,其思想与原著关系不大,有的注解,其思想与原著相反。人们通过注释去理解原著,往往会上当;如果通过注解去了解注释者的思想体系,却是研究哲学史的正确途径。我们研究地论学派,不在于他们的宗教神学的答案,而在于考察他们提出的问题所反映的时代气息。神学问题从来不来自神学本身,而是一定社会历史的曲折反映。

南北朝时期,南方北方政权相对稳定,谁也吃不掉谁。社会的矛盾不在南北朝之间,更多表现在南北朝的内部。南北朝中后期,民族矛盾已退居次要地位,双方统治者,政治上注意于国内统治,思想上致力于安定人心,建立统治思想。佛教界关心佛性论,乃是从出世的角度为世俗门阀士族地主阶级服务。佛性论的实质是人性论。南北朝时期的人性论,比战国、秦汉的人性论要深入。佛性论不满足于划分人性善恶,而是进一步推究人性之所以善,所以恶,更进一步推究其如何弃恶从善、舍恶返善、抑恶扬善的心性修养。

以孔、孟儒家为主流，中华民族传统文化中的人世思想，包括儒家以外的各家，都有参与生活、关心政治、维护封建宗法制度的内容。外来佛教也不得不与儒家传统文化相适应。《大乘起信论》提出"心真如门""心生灭门"，从出世角度论证人性善恶转化问题。地论学派，不论南道或北道，从出世角度论证人性的本质及其相互转化的可能。地论学说得以广泛流传，以至掀动佛教界，原因在于他们用佛性论配合了时代思潮。

深化了的神学，必然走向原罪说，佛教的神学心性论，也是一种原罪说。他们认为人的本性中充满着罪恶（痴、无明）。善的因素是本来就有，有待于自己发展，还是靠外力的拯救？是染，是净，是染净混杂？如果染净混杂，又将如何舍染归净？佛性是染，何能得净？佛性为净，染从何来？当时佛教界各种学派都试图以注释佛教经论的方式，照各自的理解去回答这个为大家关注的问题。用注解的方式而不直接了当地用作者个人的名义发表意见，这是中外古代经学通用的手法。在古代，神学有最高权威，人比神矮了一等，为了增加学说权威性，取信于群众，必须捧出偶像作为幌子。中国儒释道三教都用借题发挥的方式，表达自己的思想。儒家有儒家经学，佛教有佛教经学，道教有道教经学，道教经学起步稍迟，那是在隋唐才建立的。

北方地论学派与南方摄论学派和后来盛行于唐初的唯识宗、华严宗同属大乘有宗体系。大乘有宗由大乘空宗的般若中观学派发展而来。他们对第八识（阿黎耶识）有着不同的理解。地论学派当时盛行的有南道与北道两派。从保存下来的材料看，南道的信徒人数及势力比北道大得多。南道以第八识为清净种子，为后来的华严宗奠定基础。北道保存下来的材料很少。从南道的主张我们推测北道对"第八识"的理解可能与摄论相近，也与大乘起信论学派相近，因而被起信论学说所掩盖而被淹没。南道以"第八识"为净的观点，更适合当时社会上层统治者的需要，后来发展为华严宗。

《大乘起信论》

《大乘起信论》[1],题为马鸣著,有梁真谛和唐实叉难陀两个译本,印度早已失传,唐玄奘把它译为梵文,还赠印度。

《大乘起信论》(以下简称《起信论》)有人怀疑为中国人伪托,也有人认为是印度传入。现在还不能得出最后结论。《起信论》反映了南北朝佛教的一种思潮,构成理论和宗教实践并重的唯心主义体系,影响了隋唐一代思潮,对它当给以应有的重视。

(一)《起信论》的"一心二门"和"色心不二"的体系

南北朝时,佛教唯识学大量传入,不同学派有不同的侧重点。《起信论》企图调和当时不同学派的分歧,给唯识学以

---

[1]《大乘起信论》:古印度马鸣著,梁真谛译本为一卷,唐实叉难陀译本为二卷,较流行的为真谛译本。近人有疑此书为中国学者伪托之作。唐代佛教各宗派均未对此书提出怀疑。唐玄奘译为梵文,回赠印度,可见玄奘也认为此书不伪。

新解释。《起信论》作者的目的在于发起信徒对佛教大乘学派的信心。大乘学派不止一派,《起信论》所致力的在于调和大乘属于有宗的唯识学派。学说的中心问题着重阐述所谓"一心二门"的理论。

> 依一心法有二种门。云何为二?一者心真如门,二者心生灭门。是二种门皆各总摄一切法。(梁译本,下准此)

此中"心真如门"大体相当于"无垢识""寂灭心",即"如来藏";"心生灭门"大体相当于作染净依的"阿赖耶识"。这二种门(即类)可以包容世界一切现象。"心真如"就是"一法界,大总相法门体,所谓心性不生不灭"。"一法界",指一切现象得以产生的依据;"大总相",指遍及一切现象的共性,所以说它能够"总摄一切法"。"法"在这里指事物,一切法即万物,即世间万物都依如来藏(佛教最高本体)而有。万物不能离开真如。《起信论》特别指出,如来藏不同于具体的东西,万物离不开如来藏,但如来藏不具有世间生死、幻灭之类的事物。因为真如(如来藏)是纯净、无污染、不动的最高精神实体。不像一个无所不包的大容器,可以装进许多杂乱无章的东西和有价值的东西。因此"心真如"为"如实空""离一切法差别之相",与"一切染法不相应"。这是说,如来藏(心真如)是纯净至上的,无污染,"无虚妄心念"。另一方面,"心真如"同时又是"如实不空",是具足无漏、永恒、至善的精神实体。

《起信论》的心本体(如来藏或心真如)是世界一切现象的本源。这是一种本体论,这个"本体"含藏万化,却不含藏世界污垢成分。这个心真如本身不动(不生不灭)而是动(生灭法)的根据。这是过去的唯识学派共同遇到的难题。一方面是纯善无污染的,一方面是有污染的、恶的,这两个世界如何统一于"心真如"?《起信论》企图解决这个矛盾,把一心分为二门,门即类,说心有两类,一类为"心真如",是不动的本体,无漏染;另一类是"心生灭门"。"心生灭门"包容世间一切变化无常、污染的现象均从此出。

> 心生灭者,依如来藏故有生灭心。所谓不生不灭与生灭和合;非一非异,名为阿黎耶识。

这是讲的阿黎耶识,即生灭心,其最后的依据为不生不灭的心真如门。阿黎耶识的心不生不灭状态,谓之"觉";阿黎耶识的心生灭方面,谓之"不觉"。

> 所言觉义者,谓心体离念。离念相者,等虚空界,无所不遍。法界一相,即是如来平等法身。

此觉体除具有"心真如"包括的"如实空"和"如实不

空"两重性质之外,还具有"因熏习镜"和"缘熏习镜"两种作用。

> 因熏习镜,谓如实不空。一切世间境界悉于中现,不出不入,不失不坏,常住一心,以一切法即真实性故。

"因熏习镜",《起信论》认为是众生成佛的内因。"缘熏习镜",《起信论》认为是众生利用一切机会(缘),令修善根,使心不再受障(蔽障),在"因熏习镜"与"缘熏习镜"相互辅助,"心真如门"本有的由染转净的作用,通过"觉"来促其实现。

《起信论》还指出,障碍众生不得成佛,在于不觉。不觉有三种性质。

> 所言不觉义者,谓不如实知真如法,在于有念。
> 此不觉有三种相:
> 一者无明业相:以依不觉故心动。说名为业。

心动是不觉的标志,心受外界的牵引,引起反应,是为众苦的根源。

> 二者能见相:以依动,故能见……三者境界相:

以依能见故,境界妄现。

佛教唯识学派以"能见""所见"为一切分别的基础,认为人的识别能力和识别作用是万物的本源。万物的存在不是客观外在的实体,而是由于人类的妄生分别制造出来的。《起信论》认为泯除"能""所",消灭主观和客观的分别,解脱的途径在于追求一种超乎主观和客观的最高智慧。主客观分别,《起信论》称为"心动",心动原因在于起念。起念则心动,心动则有分别;无念则心不动,心不动则无分别,达到无分别境界乃最高智慧。

《起信论》还以大海水波涛与风的关系做比喻,这是许多佛经经常借用的比喻。它说:

> 如大海水因风波动,水相风相不相舍离,而水非动性。若风止灭,动相则灭,湿相不坏故。如是众生自性清净心因无明风动,心与无明俱,无形相,不相舍离,而心非动性。若无明灭,相续则灭,智性不坏故。

这里说"心"的本质是不动的,受到无明风动的干扰,才引起心动。"无明风",即愚昧无知,也是心理现象。这是说,心的本体不动,心的另一部分非本体的部分,扰乱了本心,才引起"心动",产生分别。《楞伽经》也有关于风吹海水起波浪的比喻。《楞伽经》说境界风吹，起识波浪，以境界比作风力，那是认为外境的干扰引起内心的波动，《起信论》的无明风，依然是主观认识方面的因素，它的唯心主义更彻底。它说：

> 所谓心性常无念故，名为不变。以不达一法界故，心不相应，忽然念起，名为无明。

一念不起，是为不变，忽然念起，是为无明。把佛教的宗教训练方法看成主观努力，调节心理状态的过程。忘念产生不觉，无念乃是觉。无念，自然无相，不产生世界万物（万法），一念之转，即为出世间。由"心真如"到无念、觉、不动心、无相，是一个系列；同样，由"心真如"到忘念、不觉、有相、动心，又是一个系列。佛教训练的目的，就是教导众生由染到净，由动心到不动心，由不觉到觉，忘念到无念，由诸相到无相，这样的解脱过程。

真谛俗谛、染和净两重世界，都是"心真如"的显现。这两重世界经常互相作用，互相转化，众生的善念与恶念、觉与不觉、真如与无明，也经常互相影响。

> 真如净法，实无于染，但以无明而熏习故，则有染相；无明染法，实无净业，但以真如而熏习故，则有净用。

真如受无明的熏习，而有染法，是众生堕落的原因。《起信论》这样的分析方法，教导人们加强内心的修养，"心真如"本来自足，不假外求。解脱之途，端在一念。建立大乘自我解脱的信心不难，关键在于各人的信心。它说：

> 心性无动，则有过恒沙等诸净功德相义示现……如是净法无量功德，即是一心，更无所念，是故满足，名为法身如来之藏。

这种说法与中国传统的性善说，"万物皆备于我"，"反求诸己"等观念有某些相似。它把佛教传统的宇宙发生论公式，外部的缘起论，转而向内，改为由不动到动的公式。对后来宋明理学也有相当影响。

《起信论》把一心当成万法的根源，色法也被溶解在"一心"之中：

> 一切色法，本来是心，实无外色……唯一真心，无所不遍。

这个唯一真心，即是觉，即是智，作为本体来说，它也是法身。

> 即此法身是色体故，能现于色。所谓从本以来，

> 色心不二，以色性即智故。色体无形，说名智身。
> 以智性即色故，说名法身，遍一切处。

色以法身为体，此体即佛智、一心。法身遍一切处即真心遍一切处。色是心的表现，也是法身的表现。早期般若经类标榜的"色即是空，空即是色"的著名命题，在《起信论》的体系里被改造为"色即是心，心即是色"的唯心主义命题。心外无物，心外无理，也成为宋代的陆九渊学派的命题。

（二）无念无相和止观

《起信论》提出"一心"为万法之源。从万物发生的过程说，"一心"显现为万法，由觉到不觉，由不动到动；从个人的宗教训练的途径说，则需要从不觉到觉，从动到不动，把万物发生的程序颠倒过来。它教人由"不觉"经历"始觉"进而"究竟觉"，最后复归于"觉"。与"心真如"相待的觉，又称"本觉"。"心真如"是自我圆满的，它不需要向外追求，只要内观反省，所以说，"若能察知心无念，即得随顺入真如门"。修行的方法是"无念"。有"念"就有分别，生"见"，"见"则生"境"，见与境都是人们强生分别的结果，于是造种种业、身心等苦，陷入轮回诸道，不得解脱。出离世间，免受轮回，必须"无念"，"无念"即能与"心真如"契合。一心无念，使心性不起、不动、离见、离相，也就是智慧、功德、清净的体现。因此,"无念"是《起信论》指导修习的中心观念。"无念"观念到隋唐时期,许多佛教宗派接受了这一思想。

《起信论》还提出修行要经历一定的过程,众生必须经过许多阶段,譬如明珠,"体性明净,而有矿秽之垢。若人虽念宝性,不以方便种种磨治,终无得净"。如果修行者达到了一定阶段(水平),像证得法身的菩萨,则能"超地速成正觉"。超地,即超越按部就班的等级(地),"无明顿尽",即可成佛。渐修到一定的阶段,将有一个飞跃——顿悟。这和南朝道生的顿悟说有接近的地方。后来朱熹的格物说,也认为格物功夫,先从小处积累,到了一定水平就能豁然贯通,"众物之表里精粗无不到,吾心之全体大用无不明"。

传统大乘经论,都用"六度"[1]概括全部菩萨行。《起信论》则缩减为"修行五门",把禅、慧两波罗蜜并为"止观门"。六度的内容未减少,项目给合并了。它的解释是:

> 所言止者,谓止一切境界相,随顺奢摩他观义故;所言观者,谓分别因缘生灭相,随顺奢摩他观义故。

---

[1] 六度:梵汉并译为"六波罗蜜"(Satpāramita),亦译为"六波罗蜜多",意译为"六度""六度无极""六到彼岸"。意谓有六种从生死轮回渡到彼岸解脱的方法或途径。即(1)布施(檀那);(2)持戒(尸罗);(3)忍辱(羼提);(4)精进(毗梨耶);(5)定(禅那);(6)智慧(般若)。

"奢摩他"[1]是"止"的梵文音译,"毗钵舍那"[2]是"观"的梵文音译。《起信论》说的"奢摩他观"及"毗钵舍那观",文义重复。但意思还是清楚的。提出"止"是"止一切境界相",与心真如的"无相"相应;"观"是观世间无常、苦、空、不净而造成业报。止、观并修,不相舍离,是为"止观俱行"。止观俱行是隋唐多数宗派奉行的修行方法,天台宗尤其重视。修止,要住于静处,端坐正意念,既不同于早期小乘禅依气息(安般禅),也"不依形色"(十遍处定),乃至"不依见闻觉知",要求达到"遣除一切诸想",甚至把"除想"之想也要遣除。这就可以做到"无念"。

> 心若驰散,即当摄来住于正念。是正念者,当知唯心,无外境界;即复此心,亦无自相,念念不可得。

用正念收摄此心,不使驰散,目的在于使修习者心境双遣,达到无相,最后入真如三昧。"真如三昧"是佛教的最高精神境界,达到这种境界,则一切诸佛法身与众生身平等无二,即名一行三昧。佛教各流派对一行三昧有不同的解释,

---

[1] 奢摩他:梵文 Śamatha,又译作奢摩陀、舍摩陀。
[2] 毗钵舍那:梵文 Vipaśyanā,又译作毗婆舍那。

《起信论》指通达"心真如"的道理，做到无所见、无所得、无任何凝碍、绝对宁静的一种精神状态。

修习"观"者，要求观世间无常、苦、空、不净，进而思考形成这些苦难的原因，由此立大誓愿、拔救一切苦恼众生，令得涅槃第一义乐。

"止"相当于"根本无分别智"，"观"相当于"后得无分别智"。前者要静坐、禅定，后者要进入社会，拔除众生苦难。这种拔除苦难不是给受苦难者以实际资助，而是用佛教的苦、空的道理向群众做宣传。这就是定慧合一或定慧双修。

为了保持止观互不脱离（不能有止无观，也不能有观无止），要求信奉者在行、住、坐、卧，一言一行都按止观原则去做。

> 唯除坐时专念于止，若余一切，悉当观察应作不应作。若行若住，若卧若起，皆应止观俱行。所谓虽念诸法自性不生，而复即念因缘和合，善恶之业，苦乐等报，不失于怀。虽念因缘善恶业报，而亦即念性不可得。

以无念为指导，务在止恶行善；同时又指出，连止恶行善的意向也要泯除，才算真正无念。这种随立随破，不滞于固定的观念，使整个身心与佛教无念境界融合无间。这种精神状态为后来的天台宗、禅宗发扬，进而被宋代理学家们所接受，佛教的心性修养原则也成了理学家们的心性修养原则。[1]

《大乘起信论》的真伪问题，学术界还有争论，我们还不能、也不必要从两种不同的意见中认定一种。梁启超在《大乘起信论考证》中说：

> 本论自出世以来，注释者百七十余家，为书不下千卷，其影响于我国民思想之深厚，可以概见。朝鲜、日本千年诵习无论矣。逮近世，而英译且有三本，巍然成为世界学术界之一重镇……一旦忽证明其出于我先民之手，吾之欢喜踊跃乃不可言喻。

梁氏以《起信论》为伪书，可能受南京支那内学院诸位学者的影响，姑且不论；梁氏出于爱国主义热情，赞叹此书，这种心情可以理解，但毕竟科学论证不足。问题的关键不在于论证成书年代及其作者是否为印度学者，而在于考察此书何以南北朝时期风靡学术界。《起信论》受到当时广泛重视，不能仅仅从它的学说本身找原因，还要看到此种学说得以流行的社会条件，使它得以孳长的土壤气候。本书秦汉卷讲汉初黄老之

---

[1] 程颢的《定性书》说心性修养，要做到动亦定，静亦定，无将迎，无内外，与《起信论》"止观俱行"没有两样。

学[1]曾指出，黄老之学创于战国中后期，发源于齐国稷下，但到了西汉初年，得到适当的条件，才成为显学，与《起信论》不盛行于印度以至失传，反而盛行于陈隋之际，情况有些类似。因为一种学说在一个民族中流行的程度，决定于该民族对这个学说需要的程度。本书着重探索南北朝佛教经学的心性之学的意义在此。

---

[1] 见《中国哲学发展史》(秦汉)。

佛教经学的中心议题
——心性论

任继愈谈魏晋南北朝的佛教经学

魏晋南北朝的佛教经学有不少派别，本章只选取当时有影响有代表性的主要经、论进行评述。佛经中，择要剖析了《维摩经》《涅槃经》《法华经》《华严经》等四种。流行的佛经不止这些，就思想界发生的影响的深远来说，其余诸经都不及这四种。[1]"经"一般说以佛说名义，进行正面说教，"经论"有辩论论文性质，有立、有破，思辨性更强一些。南北朝流行的"论"也不止《十地经论》《摄大乘论》《大乘起信论》这三种，如《中论》经过鸠摩罗什的提倡，也曾盛行了一阵子，[2]不久即归消沉。当时还有北方禅法也有相当势力，还出

---

[1] 净土宗的经典，社会影响也很广泛，但理论影响不及上述诸经。
[2] 因为中观学派的观点，与中国传统文化观、封建宗法观念、有神论思想格格不入，鸠摩罗什在世时，他已有"折翮"之叹。鸠摩罗什的得力弟子僧肇的《不真空论》，并未遵守鸠摩罗什的教义，并未谨慎地保护着真如的实体。他的另一个弟子道生，盛弘涅槃学，也不尽合《中观》宗旨。

现过"楞伽学派"[1]。由于他们的中心议题也与上述各派接近，为了避免重复，本书从略。

综观上述这一时期流行的佛教经论，不难发现它的时代和阶级的烙印。佛教大乘分有空两大流派。空宗流派为般若学，以各种传承的《般若经》为代表。当时中国僧人对般若"空义"的理解很不相同，以至出现了互相对立的许多学派。这些学派在印度找不到根据，在中国基本上可以找到和他们相当的玄学的影子。随着魏晋南北朝政治形势的推移，玄学的影响逐渐缩小。南北朝时期阶级关系基本稳定，政权的转移不影响门阀士族的社会地位和经济地位。也就是说，朝廷上的改朝换代没有引起社会危机、社会的结构相当稳定，这与魏晋之际尖锐的政治斗争带来的社会危机、民不聊生、知识分子朝不保夕的遭遇大不相同。名教与自然之间，不再使人感到"不相容"、难以协调，相反，南北朝时期，从上到下，倒是需要一种稳定的统治秩序，加强封建宗法制度，保护文化人，发展生产力。这一趋势在北方政权表现得尤为明显。这种向上的趋势，标志着大乱之后，人心求治的要求，也是中国历史上经历了民族的、文化的、思想的融合、交流之后，出现的新形势。政治、军事、经济，生产发展各方面，北方居优势。北方统一南方不是隋朝一时侥幸，而是北朝长

---

[1] 楞伽学派：参见任继愈主编：《中国佛教史》第三卷，中国社会科学出版社，1987年版，有专文论"楞伽学派"。

期积蓄力量的结果。

政治、经济方面的实力,也必然反映到学术上。佛教经学与儒家经学都有所反映。但就其理论的深刻程度看,佛教经学的抽象思辨水平远在儒家经学之上,它直接承继魏晋玄学,发展为新的哲学体系——心性论。

心性论,是中国哲学本体论逻辑地发展的必然归趣。本体论所涉及的本末、有无、体用关系,基本上从宏观着眼。它超越汉代的宇宙论而探究天地万物之"所以然";心性论,则从天人关系中,透过人的心理、生理现象,进而探究人性本质的"所以然"。佛教经学以佛教的语言"佛性"来说明这一现实现象。"佛性",说到底,还是"人性"的折光返射。我们不是用神学说明社会历史,而是用社会历史说明神学。因此,佛性问题无处不反映着南北朝社会问题、政治问题。

仅从南北朝流行的四部经、三部论[1],可以看出他们主要议题为佛性问题。成佛为未来还是在现世,如果有"佛性","佛性"是本有还是始有,成佛要靠外力援引,还是靠自己的觉悟和努力。以上列的经论中还可以看出中国当时大小二乘,空有二宗都有译著流传,都有著名学者为之宣扬、鼓吹,有的还得到国王的推动(如鸠摩罗什宣传的中观学派),但社会

---

[1] 四部经:《维摩经》《涅槃经》《法华经》《华严经》。三部论:《摄大乘论》《十地经论》《大乘起信论》。

历史有它的选择标准。[1]这几个重要的流派中,社会上流行的,受朝野上下欢迎的不是大乘空宗,而是大乘有宗。这些佛教流派基本倾向于成佛可能,而主张不可能的,主张本性为有漏的观点不占优势。这种倾向(或称为趋势),《涅槃》《法华》《华严》诸经都有启示性的教义,为后来隋唐时期出现的天台宗、华严宗准备了思想理论基础。地论、摄论都对阿赖耶识有所论述,他们要从心性论以探究物质世界的起源。心性论管辖的范围不限于个人的精神修养、宗教实践,还要通过心性论去说明宇宙万物的起因。从认识过程说,它从本体论到心性论,是一个认识的飞跃,它们又从心性论反观宇宙本体。从而以心体为本体(如《法华》)或以性体为本体(如《华严》)。

佛教经学还反复论证了人类认识的极限,人类对现实世界认识是否可能。他们的结论并不正确,但他们对人类正常的认识提出怀疑,并指出要注意那些干扰正常认识的生理因素、心理因素、社会因素等。这许多方面,恰恰是中国哲学史认识论所没有接触或被忽略,但又不应忽略的方面。佛教经学加强了中国哲学史上一向比较薄弱的认识论环节。无论从正面或反面,都提供了有益的借鉴。

人人有佛性,人人可能成佛的问题,在南北朝时期成

---

[1] 历史唯物主义者认为一种学说在一个民族流行的程度,决定于这个民族对于这种学说需要的程度。

了许多宗教流派共同关心的大问题,因而唯识学提到的阿黎耶识这一新范畴,受到普遍的重视。只有建业一个地区受般若空宗影响较大,也可说玄学影响较大,摄论学派受到排斥。其余广大地区,南到广州,北到中原地区,都是唯识学派的势力范围,其势力中心在北朝政权范围之内。这种状况一直持续到隋唐初期。成了中国佛教理论界的中心议题,甚至成为驱使玄奘西行求法的动力。大乘有宗、唯识学派,肯定有一个圆满无亏欠的真如世界,肯定通过某种努力修持,可以达到。这种积极追求真理的人生态度,是当时北朝政权处在向上发展阶段、社会思潮在宗教理论方面的反映。佛教经学从宗教理论上表现以北方为基础统一全中国的总形势。

南北朝佛教经学把哲学问题引向深入,从本体论走向心性论,是前进。但前进中遇到新问题,使他们无法解决。因为南北朝时期佛教提出的心性问题,主要借助于外来的唯识学说,它与中国传统文化、传统意识还未融合在一处。如何使心性问题中国化、民族化,为更广大的群众所接受,用佛教的心性论俘虏更多的善男信女,这一南北朝时期的佛教经学的任务,要待隋唐佛教经学继续完成。